겨울 숲

신건자 수필집

교음사

| 작가의 창 |

새들의 노래가 들려오면

십 년이면 강산도 변한다더니 내 인생도 10년 주기로 변한 것 같다.

지금은 70대.

60대 이전과 달리 살날이 얼마 안 남았다는 강박관념에 사로잡힌 채 잠재력 개발, 도전, 봉사를 시작으로 사랑, 기쁨, 슬픔, 상처, 미움, 좌절, 분노, 치유와 감사에 이르기까지. 자의 반, 타의 반에 의해 눈코 뜰 새 없는 삶이 얼기설기 펼쳐졌고 마무리됐다. 사랑의 기쁨보다는 상처, 아픔, 좌절, 고뇌, 외로움 등으로 허우적거릴 때가 많았다. 그럴 때마다 70여 년 쌓은 자아 성찰력, 치열한 의지로 그 어느 때보다 나를 가장 견고하게 다듬어 세운 축복의 세월이 아닌가 싶다.

이제 앞으로 얼마나 살지? 80대는 또 어떤 삶이 펼쳐질지?

밤마다 나는 '이 밤이 내 생의 끝일 수도 있다.'는 생각을 하며 잠자리에 든다. 그러다가 다음날 아침, 새들의 노래가 들려오면 또 하루의 삶이 주어졌음에 가슴이 뛴다. 덤처럼 받은 이 소중한 하루를 살뜰하고 보람차게 살아야 할 텐데…. 그러면서

희비애락으로 들쑤셔진 '70대 이야기'를 일몰 직전 붉게 타는 노을처럼 한 권의 수필집 속에 풀어 놓았다. 홍역을 앓고 난 기분이다.

이제 따끈한 차 한잔으로 마음을 가라앉히며 내 마음을 대변 한 것 같은 이수인 詩 「내 맘의 강물」을 가만히 읊조린다.

수많은 날은 떠나갔어도 내 맘의 강물 끝없이 흐르네
그날 그땐 지금 없어도 내 맘의 강물 끝없이 흐르네
새파란 하늘 저 멀리 구름은 두둥실 떠나고
비바람 모진 된서리 지나간 자국마다 맘 아파도
알알이 맺힌 고운 진주알 아롱아롱 더욱 빛나네
그날 그땐 지금 없어도 내 맘의 강물 끝없이 흐르네

그동안 좋든 싫든 인연이 있어, 내 생의 스토리텔링에 등장한 모든 분께 고개 숙여 감사드린다.

2019년 12월 끝날. 유예(遊藝) 신건자

신건자 수필집

겨울 숲

- 작가의 창
- 차 례

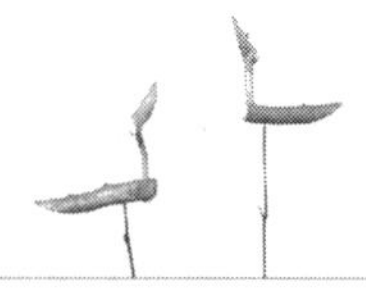

1. 솟대의 사랑

2. 것들, 것들

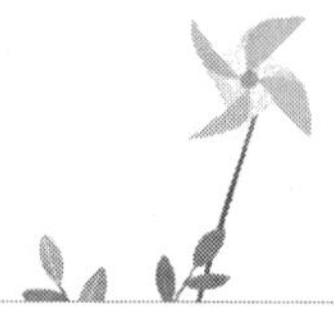

3. 내 가슴속 바람개비

4. 대부도 기행

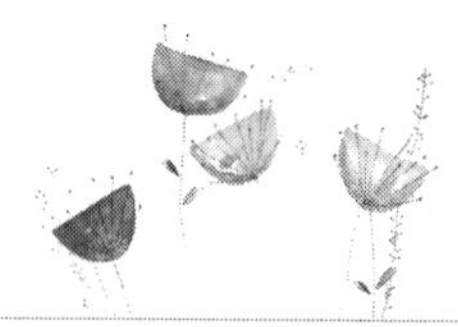

5. 너는 참 좋겠다

1부

솟대의 사랑

봄 때문에

엄동설한이다. 나무들이 잿빛으로 자지러져 있다. 나뭇가지에 앉으려는 박새도 날개를 파들파들 떤다. 살을 에는 추위를 이겨내지 못하고야 어찌 생명을 부지할 수 있을까. 고사목 같은 처절한 모습으로 겨울나무들은 활력과 생명력을 몰고 올 봄을 안간힘 쓰며 기다린다.

겨울 산을 닮은 내가 겨울 산을 바라보고 서 있다.

가족과 직장을 떠나 기댈 곳, 감싸일 것 없는 몸으로 산 밑에 스며든 나는 나무를 찍어대는 탁목조의 심정으로 산을 찍으며 살고 있다.

외롭고 무료하기 짝이 없는, 살아 있음보다 살아 있음을 느끼지 못하는 날들, 영과 육이 겨울 산의 나뭇가지처럼 메말라 감을 느끼면서, 내 안에 숨죽이고 있는 오감에 조용히 귀 기울여 본다. 무엇을 갈구하는 건지. 무엇이 메마른 오감에 활력을 줄 것인지….

봄이 오는가 보다. 봄비가 내린다.

실처럼 가는 봄비는 겨울을 나느라 기진맥진한 나무를 살살 어루만지며 생명력을 일깨운다. 그 모습을 보던 내 입에서 가만가만 동요가 흘러나온다.

솔 솔 봄비가 내렸다~/ 나무마다 손자국이 보~이~네~/
아~ 어여쁜 초록 손자국/ 누구누구 손길일까 나는 알지/
아무도 몰래 어루만진 봄님의 손~길

봄비는 고사목 같던 나무에 볼록볼록 돋은 새눈을 어루만지고, 곁에 서 있는 내 몸도 어루만진다. 내 안의 오감이 스멀스멀 살아나는 느낌이 든다. 흐릿했던 눈이 반짝 떠지고, 먹먹했던 귀에 새싹들의 속살거림이 들린다. 산실 같은 봄 산의 향기를 코로 마시며, 나무들이 토한 달착지근함을 입 안 가득 음미한다. 살갗을 스치는 봄바람의 부드러움까지!

이왕이면 엄동설한을 이겨내고 새 생명을 피워내는 나무도 닮아 보자.

나는 축 처진 뱃가죽에 힘을 주며 횡경막을 한껏 추켜올린다. 움츠러들고 뻣뻣해진 목을 이리저리 돌려 푼 후 입을 크게 벌린다. 그리고 종달새보다 더 낭랑한 목소리로 '도종환'의 시 한 편을 낭송 한다.

> 젖지 않고 피는 꽃이 어디 있으랴/ 이 세상 그 어떤 빛나는 꽃들도/
> 다 젖으며 젖으며 피었나니/
> 바람과 비에 젖으며 꽃잎 따뜻하게 피었나니/
> 젖지 않고 가는 삶이 어디 있으랴 ….

나무들을 청중 삼아 가곡 몇 곡도 멋지게 부른 후, 새로운 삶을 펼치고자 일상 속으로 힘찬 발걸음을 내딛는다.

고사목 같던 내 오감에 새 생명력을 넣어 준 봄 때문이다.

누군가 날 위해

얼마 전부터 다리가 무겁고 아프다. 5분이면 걸어갔던 거리를 10분 이상 걷는다. 조금만 걸어도 숨이 차다. 밤마다 쥐도 난다. 그래서 밤이 되는 게 겁이 난다. 옆집 아주머니가 살펴보더니 '하지정맥'이란다. '외과'에 가 수술을 받으면 금방 뛰어다닐 건데 왜 아픈 다리를 끌고 다니며 고생을 하냐고 했다. 그래서 하지정맥 수술을 받았다.

옆집 아주머니 말대로 입원 하루 만에 수술을 받고 퇴원하는 나에게 의사가 말했다. '한 달간 압박 양말을 신고 날마다 30분 이상씩 걸으라고.'

다리를 수술해 준 의사가 고마웠다. 아들 또래였지만 허리를 굽혀 깍듯이 인사를 했다. 그리고 알지도 못하는 사람을 위해 아들을 의사로 힘들게 키워 준 그 부모님께도 마음속으로 고마움을 전했다.

퇴원 이튿날 의사가 한 말을 성실히 이행하기 위해 압박 양말을 신고 산책길에 나섰다. 수술 후 가뿐해진 다리가 신통했다. 신나게 콧노래를 부르며 2km쯤 되는 공원엘 갔다.

새벽인데도 공원에는 산책이나 운동하러 나온 사람들이 꽤 있었다. 삼삼오오 담소하며 걷는 이들, 손을 잡고 어깨 나란히 걷는 쌍쌍, 노약한 아버지를 휠체어에 태워 밀고 가는 아들, 땀 흘리며 씩씩하게 달리는 젊은 남녀 등등. 모두 활기와 활력을 충전하는 모습이었다. 둘러보니 아는 사람이 없다. 갑자기 혼자라는 생각이 들면서 외로워지고 가슴이 먹먹해졌다.

나는 혼자인 게 싫다. 싫어도 혼자서 살 수밖에 없는 게 더 싫다. 아플 때도 혼자 아파야 하고, 밥도 혼자 먹어야 하고, 부부가 함께 참석할 자리에도 혼자 가야 하고, 온종일 대화할 상대가 없어 말 한마디 못한 날엔 혀가 굳어 발음조차 어눌해진다. 이런 사정을 누구에게 말할까? 혼자 삭이자니 서럽다. 어느 면에선 혼자 삭이는 게 속편하다. 좋지 않은 상황 말해봤자 자존심만 상하니까.

전날, 절친한 친구에게 혼자 사는 괴로움을 말했더니 친구는 단박에 "너는 혼자서도 잘 살잖아!" 했다. 그 말이 얼마나 섭섭하고 서럽던지 눈시울이 뜨거워졌었다. 그 후, 혼자 사는 괴로움을 절대로 어디서든 티 안 내려 애쓴다.

'하지정맥'은 죽을병도 아니고 수술도 쉬워 혼자 입, 퇴원이 가능하다고 해서 혼자 입, 퇴원을 하려 했는데 전신마취로 보호자 동의가 필요하단다. 하는 수 없이 아들 며느리의 도움을 받아 입, 퇴원을 순조롭게 했다. 그리고 다음날, 당당히 산책길에 나섰는데 왜 혼자라는 생각이 밀려들어 서러울까.

늙은이가 다리 수술을 했으니 당분간 가족들 도움을 받는 게 좋다고들 하지만 자기 몸 돌볼 틈 없이 바쁘게 사는 자녀들한테 죽을병에 걸린 것도 아니고 기동력도 있는 어미를 돌봐 달라는 건 어불성설이다. 그래서 홀로 당당하게 산책길에 나섰는데, 서럽다니….

걷는 걸 접고 울적한 마음으로 공원 내 화장실에 들어섰다. 순간, 내가 좋아하는 「트로이메라이」 곡이 첼로의 선율을 타고 부드럽게 나를 맞았다. 감미로운 첼로의 음색은 우중충했던 마음을 안위하며 멋지고 우아한 세계로 붕 띄워 주었다. 나는 우아한 자세로 변기에 앉았다. 때를 기다렸다는 듯 차이코프스키의 「호두까기 인형」 곡이 경쾌한 피아노연주로 화장실 안을 가득 메웠다. 내 몸은 나이를 잊은 발레리나처럼 리듬을 타고 좌우로 흔들거렸다.

누굴까? 누가 외롭고 서러운 늙은이를 위해 우아하고 멋진 곡을 보내줄까? 알지도 못하고 보이지도 않는 그 누군가가 화장실에 앉아 있는 나에게 아름다운 곡을 보내주고 있으니 감격했다. 나는 들어갈 때와 달리 희열감을 안고 화장실을 나왔다. 마음이 밝아지니 사랑스러운 것들이 보였다. 느껴졌다. 잔디밭 위에 무리지어 웃고 있는 클로버와 꿀벌, 풋풋한 향기로 다가와 뺨을 스치는 바람. 깟깟깟 말 건네는 까치, 공원 옆길을 지나며 빵빵 인사하는 자동차…. 저렇게 사랑스런 것들이 나를 에워싸고 있는데 왜 나는 그동안 사람만 보고 외로워했을까!

사람이 아닌 것들이 사람보다 더 반기며 아는 체를 한다. 혼자가 아님을 일깨워 준다. 외로움 없애줄 사람을 기다리지 말고 잊으라 한다.

이제 나는 혼자가 아니다. 보이지 않고 알지도 못하는 그 누군가가 내 공허한 마음을 끊임없이 채워주고 있지 않은가. 내일도 공원 화장실에 오면 누군가가 나를 위해 멋진 연주곡을 보내줄 것이다.

'그래 난 혼자서도 잘 살아!'

전날 섭섭했던 친구의 말에 답을 하며 씩씩하게 공원을 산책한다. 6월의 햇살이 활짝 쏟아져 내린다.

천만다행

"우리 집이 너무 작고 낡았어!"

불만이 가득 찬 가족들 말이다. 내 생각도 마찬가지다. 큰 집으로 이사를 가든지 집을 새로 짓든지 해야 여러 식구가 기거하기 편할 것 같다. 그런데 돈이 없다. 그런 내 맘을 헤아렸는지 건축기사 몇 사람이 집으로 찾아왔다.

"잘 꾸며 드릴 테니 비용은 나중에 주세요. 완성된 집을 보시면 대만족하실 걸요!"

내가 동의도 하기 전에 건축기사들은 쓱싹, 뚝딱 연장을 휘두르며 집 단장을 시작했다. 집은 그냥 놔둔 채 없던 담장과 대문을 궁

궐같이 우람하고 견고하게 세워나갔다. 피뢰침 같은 쇠꼬챙이 장식들이 높은 담 위와 대문 위에 반짝반짝 빛을 내며 꽂혀졌다. 돈키호테가 창을 들고 달려왔다면 혀를 빼물고 물러날 정도였다. 집은 넓히지도 않고 도배, 칠, 땜질 등으로 환하게 치장만 해놓았다.

"집은 작은데 담만 높으면 뭘 해! 대문만 멋지면 뭘 해!"

가족들이 와글와글 불만을 토했다. 나야말로 가족들 못지않게 속이 답답하여

"집을 크게 해야지, 집을!"

중얼거렸다. 그런 내 앞에 건축사 사장이 청구서를 내밀며 말했다.

"형편대로 분할 납부하세요."

청구된 금액을 본 순간 등줄기에 식은땀이 쫙 돋았다.

"아니, 이렇게 많은 돈을? 대가족이 월 300만원으로 겨우 사는 형편에 한 푼도 안 쓰고 다달이 갚아도 30년이 더 걸리겠네.

아이구, 나 죽었다아~, 우리 식구 다 죽었다아~."

나는 소리도 크게 못 지르고 털썩 주저앉아 가슴을 움켜쥐고 벌벌 떨었다. 가족들이 내 손에 들린 청구서를 들여다보며 말했다.

"이 돈이면 넓은 땅을 사서 대궐 같은 집도 짓겠다. 무슨 일을 이렇게 처리해!"

원망의 화살을 맞은 나는 눈을 꽉 감고 숨이 막힐 것 같아 몸을 뒤틀며 울고 울다 눈을 번쩍 떴다. 꿈이었다.

"휴, 천만다행이다."

나는 숨을 크게 들이쉬며 두 번 다시 허황된 일을 꿈꾸지 말아야겠다고 굳게굳게 다짐했다. 또 무슨 일이든 차근차근 짚어가며 해야겠다고 다짐했다. 몸도 마찬가지다. 겉치레보다 내실을 기해야 후환이 없을 것이라고 생각했다.

'0'앞에서의 思索

- 제3회 「제물포수필」 문학상 수상작

'0'이란 숫자를 보며 앉아 있다.

기세등등한 '100' 앞에서 숨도 크게 못 쉬고 납작 눌려진 숫자! 아무것도 없는 빈털터리! 움켜쥐고 있으면 오히려 기가 죽어 차라리 없는 것이 나을 것 같은 '0'은 별로 쓸 만한 구석이 없어 툭툭 털어버리고 싶은 숫자이다. 이처럼 별 볼 일 없는 숫자인데도 나와 마주치는 순간 죽마고우처럼 반가운 얼굴로 다가와 빙글빙글 웃으며 바라본다.

한때 내 앞에서의 '0'은 높은 산 위에 우뚝 버티고 선 큰 바위 같아서 그 숫자 위에 올라서 보고 싶은 존재였다.

삼십대 초반, 나는 경제적으로나 정신적으로 빙벽 같은 마이너스(-) 절벽 아래로 굴러떨어져 허우적거리고 있었다. 어쩌다 잘못 빠져 들어간 마이너스(-) 빙벽 아래서 피멍울을 터뜨리며 기를 쓰고 플러스(+) 쪽을 향해 기어올랐지만 플러스(+)는 고사하고 우스꽝스럽게 여겼던 '0'이란 숫자조차 손에 잡히지 않고 아득히 높은 곳에 하늘처럼 앉아서 나를 내려다보고 있었다.

나는 굴하지 않고 몇 번씩 탈진 직전을 헤매면서도 안간힘 쓰며 기어오르고 또 오르고….

겨우겨우 사십대 중반에서야 마이너스(-)의 빙벽을 빠져나와 '0'이란 숫자 위에 올라앉았을 땐 이미 싱싱한 젊음은 온 데 간 데 없었다. 그러나 기분은 하늘을 날 듯 통쾌하고 후련했으며 가까운 머리 위로 손만 뻗으면 금세 잡힐 듯 플러스(+)를 동반한 넓고 푸른 하늘이 펼쳐져 있음을 볼 수가 있었다.

그 때 '0'은 만신창이가 되어 기어오른 나를 붙잡고 지난날 고통스러웠던 점을 코허리가 빨개지도록 위로해 주었다. 그리고 자칫 마이너스(-)의 절벽 아래로 또다시 추락하지나 않을까 염려되어서인지 늘 보이지 않는 끈으로 나를 매어잡고 이렇게 충고했다.

'다시는 추락하지 마라. 그리고 올라가거나 내달리지도 말아라!'

그래서인지 나는 더 이상 추락하지도 올라가지도 못하고 늘 '0'의 주변 빈털터리의 자리를 맴돌았다. 그로 인해 때로는 외롭고 때로는 기가 죽고 때로는 플러스(+) 쪽을 향해 내달리고 싶은 욕망이 꿈틀댔지만 어쩐 일인지 나는 아직도 텅 빈 '0'의 주변에 머물고 있다.

전철을 타기 위해 동작역까지 약 7분간 걸어가는 길엔 개나리, 철쭉, 벚나무, 소나무, 미루나무 등 갖가지 울창한 수목이 아치를 이루고 늘어서 있다. 매일 숲속을 거닐 듯 이 길을 걷는 나는 봄, 여름, 가을, 겨울, 때론 캄캄한 밤중이나 상현달이 나뭇가지 사이로 어슴푸레 비치는 초저녁, 흰 눈이 오솔길을 만들며 내려쌓이는 오후에 친숙한 눈빛으로 나무들을 바라보며 기분 좋게 오간다.

봄나무는 화려한 꽃단장을 하고 신혼의 단꿈을 꾸는 신부마냥 행복과 희망에 부풀어 방실거리고 있음을 본다. 그러나 잠시뿐, 화려한 꽃들은 곧 추연한 몰골로 낙화하여 뒹굴고 나무는 가는 봄을 서러워한다.

여름나무는 건강하고 혈기왕성한 장년처럼 푹푹 찌는 태양 아래서도 무성한 잎새를 달고 하늘이라도 찌를 듯 풍요로움을 뽐낸다. 그러나 풍성한 곳에 빈객이 들끓듯 온갖 잡동물이 꼬여들어 갉아먹고, 흔들고, 목청을 돋우며 시끌벅적 북새질치는 통에 진액이 빠지고, 잎새들은 찢기고, 뚫리고, 상처투성이가 되어 헉헉 뜨거운 숨을 토한다.

가을나무는 어떤가. 노력하며 견뎌낸 결실의 열매를 훈장처럼 주렁주렁 달고 울긋불긋 아름다운 색채로 위용을 과시하는 장성(將星)

과도 같다. 그러나 훈장도 색채도 이미 남의 것이 되고자 떨어질 채비를 서두르거늘….

이처럼 봄, 여름, 가을나무들은 플러스(+) 쪽에 서서 살아온 사람과 같다는 생각이 든다. 그러나 겨울나무를 보라. 아무것도 걸친 게 없다. 인생의 뒤안길에서 모든 걸 내어주고 꺾이고 헐벗은, 앙상한 몸만 노출한 채 '0'자리 위에 의연히 서 있는 노익장의 모습과 같다.

지난날 화려했던 색채와 아픔과 격정들을 침묵으로 승화시키고 지금은 어딘가를 향해 조용히 사색하는 분위기로 서 있는 겨울나무!

그 위에 하얀 눈이 솜처럼 따뜻하고 깨끗한 옷을 입히며 플러스(+) 쪽을 향해 다시 눈 틔우라고 기를 돋아주는 것 같다. 앞으로 겨울나무는 마이너스(-) 쪽으론 한 발짝도 추락하지 않을 것임을 나는 안다.

머지않아 새로운 눈을 틔게 하려고 따사로운 햇살도 좌악 내리 쪼일 것이며, 살랑살랑 꽃바람도 달려오고. 꽃, 잎, 줄기, 열매들이 플러스(+)의 자리를 마련해 주기 위해 줄이어 겨울나무에게로 다가올 것이다.

나는 겨울나무이고 싶다.

물질적인 것도 그렇지만 그보다 정신적인 풍요를 위해 조용하고 겸허한 자세로 남들이 필요로 하는 요소요소에 소리 없는 베풂의

자리를 마련하고 싶다. 그러려면 지금의 상태로는 안 될게 아닌가 하는 생각이 들기도 하고, 안 될게 뭐 있어 하는 생각도 든다. 이런 마음을 눈치챈 듯 어느 윗분이 넌지시 말했다.

'높은 자리에 올라가보지 않겠느냐'고. 그러나 내게는 올라갈 능력이 없음을 스스로 알고 있다. 또 높은 자리에 올라가 앉게 되면 도마 위에 올려진 물고기 신세가 되거나 추락할 확률이 크다는 것도 잘 알고 있다. 이래저래 어쨌거나 싫다고 했다.

'마음이 가난한 자에게 복이 있다.'는 성경 말씀이 맘에 들어 '나는 0의 자리에 서서 마음을 비우는 게 편하고 좋다.'고 말하고 싶은데 그렇게 말하면 플러스(+) 쪽 사람들은 내가 무능함을 합리화하는 줄 알고 "병신 육갑 떠네!" 할지도 모른다. 그러나 어쩔 수 없다. 지금의 내 상태로는.

미루나무 높은 가지 위에서 까치집이 바람에 시달리며 심하게 흔들리고 있다. 그런데 지금 '0'의 자리에 머물러 있는 나는 왜 저 모습을 보고 위안을 느끼는 걸까? 비겁한 걸까, 비참한 걸까?

까치집이 나무 밑에 붙어 있는 것은 본 일이 없다. 만일 있다면 운치가 없음은 물론 심하게는 조무래기들의 노리갯감이 되어 들쑤셔져 망가질게 뻔하다. 그렇다면 가장 안전한 지점은? 역시 미루나무의 중간쯤이 아닐까? 그 자리가 바로 '0'의 자리가 아닐는지!

수채화 속에서

죽기 전에 꼭 해보고 싶은 게 두 가지가 있다.

첫째는 그리운 님과 눈꽃처럼 흩날리는 벚꽃 길을 걷는 일이다. 옛날엔 벚꽃구경을 하려면 진해로 가야했지만 요즘은 어디든 벚꽃 길이다. 그 흔한 벚꽃 길을 왜 혼자 바라만 보고 있는지. 친구들이 같이 걷자지만 아무리 친한 친구라도 그리운 님과 걷는 것만 하겠는가. 그렇더라도 지금의 늙어빠진 모습으로는 꽃들의 웃음소리가 자지러지는 길에 선뜻 나서기도 조심스럽다.

굴러가는 낙엽을 보고도 깔깔거리고 망아지처럼 뛰어다니던 젊은 시절에도 나는 꽃길을 걸어보지 못했다. 전쟁에 피폐되고 가난에 찌든 시절이라 고픈 배를 채우려고 꽃을 훑어먹고, 풀과 나무뿌리를 땔감으로 뽑아댔으니 꽃길이 있을 리 없다.

지금은 모든 게 풍부하고 먹을 것도 널려 있다. 사방 천지 꽃길과 꽃동산이 조성되어 있어서 여유롭게 꽃길을 감상하며 걸을 수 있다. 하지만 그리운 님은 떠난 후 돌아오질 않으니 누구 손을 잡고 꽃길을 걷나? 친구들이 농담으로 '새 님을 만나 걸으면 되지.' 한다. 새 님이라니…, 주변엔 제대로 걷지도 못하는 늙은이들뿐인 걸. 그런데도 마음은 이팔청춘이어서 오늘처럼 화사한 봄날엔 그리운 님 손을 잡고 벚꽃 길을 걷고 싶다. 「로마의 휴일」 영화에 나오는 오드리 햅번처럼 아이스크림을 먹으면서….

두 번째는, 팔순 되는 날 수필집과 동화집 출간기념회 겸 간간히 그린 그림들을 전시해 놓고 친구들을 초청하여 오찬을 대접하고 싶다. 그 꿈을 이루기 위해 틈틈이 글을 쓰고 그림을 그리지만 순발력이 떨어져 진척이 더디다. 이러다 팔순도 되기 전에 저 세상 사람이 되는 건 아닌지.

늙었다는 건 비극이다. 꿈은 꿀 수 있어도 이루기는 어렵다. 새로운 일에 도전할 용기도 사그라진다. 친구들은 '늙었으니 모든 것 다 내려놓고 그냥저냥 맘 편히 즐겁게 살다 가자.'고 한다. 늙었으면 그냥저냥 살아야 하나? 그냥저냥 사는 것이 즐겁고 맘 편한 일인가? 나는 그렇게 살고 싶지 않다. 아직 움직일 수 있는데 죽을 날 받아놓은 사람처럼 하고 싶은 것 모두 접고 그냥저냥 살다가 죽다니, 인생은 60부터라는데.

'내일 지구의 종말이 온다 해도 오늘 사과나무를 심겠다.'는 스피노자 말처럼 내일 죽는 한이 있어도 하고 싶은 일은 해 보고 싶다. 내가 늙은이답지 않은 오기와 갈등으로 비비적거리고 있을 때 미국 국민화가 '모지스' 여사에 대한 글을 접했다.

모지스 여사는 76세에 그림을 그리기 시작하여 103세까지 1500여 점의 그림을 남겼다고 한다. 내가 지금 그림을 시작하면 모지스 여사보다 두 살이 빠른 셈이다.

나는 중학교 때 가난 티가 주르르 흐르는 미술선생님으로부터 '너는 그림에 재능이 있으니 화가가 돼보라'는 말을 들었다. 그 말을 들은 나는 가난뱅이 미술선생님을 닮을까 봐 그리는 걸 멀리했다. 지금 생각해 보니 오만이었고 타고난 재능을 썩힌 실수였다.

'지금 그림을 그리기엔 너무 늙지 않았나? 그래도 모지스 여사보다는 빠르지. 그래, 내일 죽더라도 해보자!'

나는 용기를 내어 인근 문화센터 수채화반을 노크했다.

안내받은 내 옆자리에 나보다 연상의 여인이 그림을 그리고 있었다. 내가 그녀보다 젊었다는 것과 나의 출발이 늦지 않았음을 증명해 주는 것 같아 힘이 솟았다. 난생 처음 붓을 들고 그림을 그리려는 내 의지가 스스로도 대견스러웠다.

그 후, 이 년여간 설익은 그림이나마 한 점 한 점 탄생시킬 때마다 화실의 젊은 친구들로부터 "그 연세에 참 멋지세요." 박수를 받는다. 엔돌핀을 솟게 하는 활력소인 셈이다.

오늘도 나는 수채화 속에 푹 빠져있다. '그리운 님과 꽃길을 걷고 싶은 것'을 수채화 속에서 이룰 셈이다. 틈틈이 글도 쓰고 있으니 이대로라면 팔순 날 친구들을 오찬에 초대하여 출간기념회 겸 개인전까지 열 추세다. 그날 분위기를 업그레이드하기 위해 피리연주 연습도 하고 있다.

비록 몸은 늙었지만 오늘도 하고 싶은 일에 푹 빠져 있는 나는 생각과 행동이 풋풋한 신세대와 다를 바 없다. 내 나이가 어때서!

수채화 속에서 꽃길을 걷는 내 모습이 참 멋지게 보인다.

솟대의 사랑

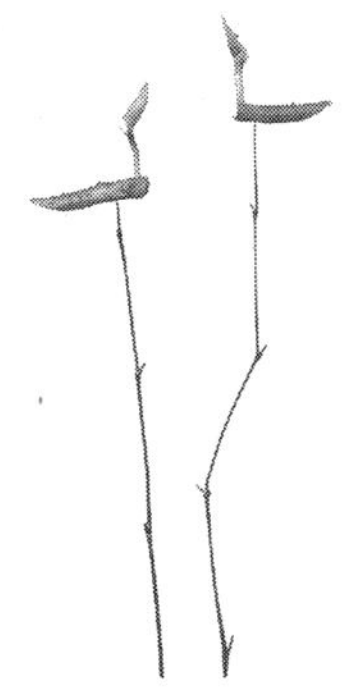

첩첩산중 언덕진 곳에 허름한 집 한 채. 집 뒤에 높이 서 있는 기러기솟대 하나. 그곳에 홀로 사는 산사나이 왈, 터가 세서 잡귀를 쫓아달라고 세운 솟대란다.

'저 솟대가 잡귀를 쫓아? 날지도 못하고 목을 길게 뺀 채 한 곳만 응시하고 있는 가녀린 목각 기러기가?'

솟대란 원래 삼한(三韓)시대에 신을 모시던 장소인 소도(蘇塗)에서 유래한 것으로 종교적인 의식에 사용되고, 마을의 안녕과 풍요를 기원하는 의미로 세워졌다. 또 마을 입구에 우뚝 서 마을로 들어오는 모든 액이나 살(煞), 잡귀를 막아주는 상징물로 세워졌다.

그런 의미를 가진 솟대라면 산사나이 집 뒤에 세워진 솟대는 당연히 잡귀가 얼씬 못하게 막아주는 역할을 해야 한다. 그런데 내 눈에는 산사내의 집 뒤에 서있는 솟대가 잡귀를 쫓으려는 모습으로 보이지 않는다. 깊은 산골짜기에 자욱이 피어올라 산등성을 넘는 산안개를 따라 목을 길게 빼고 먼 곳으로 흐르는 시선. 한없는 그리움을 품고 하염없이 기다리는 시선으로 보인다. 그 솟대를 보고 있자니 몇 년 전 친구에게 카톡으로 받은 권혁재의 시 '솟대'가 떠오른다.

> 내가 날아가는 거리만큼 / 당신을 사랑했으면 좋겠다.
> 내가 기다리는 시간만큼 / 당신에게도 기다림이 있으면 좋겠다.
> 새가 되고 싶은 나무들이 / 즈믄의 날갯짓으로 퍼덕여도
> 저기 어디쯤 / 당신이 있었으면 좋겠다.

솟대의 말인지 멀리 떠난 사람이 하는 말인지 나는 이 시를 들여다보며 한동안 생각에 잠겨 있었다. 그러다가 멀리 떠난 사람을 향한 솟대의 말이라고 느껴졌을 때 너무 안타깝고 너무 슬펐다.

십 년이 훨씬 넘은 아득히 먼 기억 속의 어느 날이다. 문인들과 함께 안면도에 간 적이 있다. 갈 때, 푸른 들을 비추는 밝은 햇살이 눈부셨고, 올 때의 일몰도 아름다웠다. 특히 간월도로 꺾어 들어섰을 때 일몰을 역광으로 한 검붉게 물든 소나무숲이 무척 아름다웠다. 그 소나무숲과 맞물려 바다를 배경으로 해안가 도로변에

줄지어 선 솟대들 모습이 당당하고 멋스러웠다. 하지만 장대 위에 앉은 새들의 시선이 먼 수평선을 향하고 있는 걸 알았을 때, 당당하고 멋스럽기보다는 무엇인가를 애타게 기다리는 애절함이 느껴졌다. 솟대의 행렬을 뒤로 하고 돌아오는 차 속에서 시 한 수를 지어 웅얼거렸다.

노을 진 수평선 먼 곳 향해
긴 기다림에 목이 길어진 솟대
날줄도 모른 채 장대 높이 올라 앉아
한 서린 그리움 애절한 가슴
행여 오시려나 눈물어린 시선

그때 먼 수평선을 바라보고 있던 솟대 행렬 속 한 마리가 지금 산사내의 집 뒤에 날아와 앉아 있는 것 같다.

솟대를 장대 위에 높이 모셔놓고 잡귀를 쫓아 달라던 산사나이는 보이지 않는다. 잡귀가 얼씬거리지 않는 터에서 행복하고 아름답게 살자던 산사나이는 지금 어디로 가서 무엇을 하고 있을까. 왜 돌아올 줄을 모르나. 떠나간 지 오래 되어도 돌아오지 않는 산사나이를 하염없이 기다리는 솟대의 모습이 너무 애잔하지 않은가.

나는 동병상련의 시선으로 솟대를 올려다본다. 아직도 노을보다 더 붉은 사랑이 내 가슴속에 절절이 타고 있는데, 솟대보다 더 긴 목을 빼고 너를 기다리는데….

바람에 묻혀

밝은 햇살이 앞산 골짜기를 헤집고 내려와 내 집 작은 창문을 들여다보는 아침이다. 앞산에는 아직도 벌거벗고 서 있는 나무들을 산안개가 우유 빛깔로 감싸고 돈다. 창문을 열고 안개 섞인 산 공기를 흠뻑 마시고 싶다. 하지만 으스스한 3월의 찬 기운이 제지를 한다.

나는 아늑한 집안에서 작년에 채취하여 말린 찔레꽃 차를 끓인다. 알싸한 향이 피어오르는 찻잔을 입에 대는 순간, 예쁜 새 한 마리가 창밖 난간에 날아와 앉아 쪼롱쪼롱 노래를 한다. 하도 신기하고 반가워 카톡으로 받은 토셀리의 세레나데 곡을 틀었다. 새소리와 잘 어울려 흥취가 돋는다. 그런데 또 다른 재깔거림과 밝은 웃음소리가 창밖에서 들리는 듯하다. 창문도 사르르 흔들린다. 짐작컨대 꽃망울을 터뜨리려고 달려온 꽃샘바람의 짓이지 싶다. 나를 밖으로 유인하여 함께 놀자는 신호 같다. 이럴 땐 어떤 꽃망울이 터지려는지, 봄볕이 얼마나 화사하게 내리고 있는지 내다보고 싶지만 나는 창문을 열지 않는다.

작년에 보았다. 흔들리는 멋에 취해 살랑대다가 꽃샘바람의 장난에 다 피지도 않은 꽃들이 땅바닥에 떨어져 짓밟히는 모습을. 꽃샘바람이 얼마나 잔인한지. 살 속까지 파고들며 얼마나 시리게 하는지. 지난 겨울바람도 어찌나 차갑던지. 그렇게 냉정하고 인정머리 없는 바람이 나는 싫다.

나는 바람의 유인에 끄떡도 않는다. 밖을 내다보지도 않는다. 그러나 애초부터 바람이 싫은 건 아니었다.

작년 가을이었다. 푹푹 찌는 여름 무더위에 시달려 맥을 못 추고 있을 때, 노란 햇살을 싣고 온 솔바람이 인조견같이 서늘한 촉감으로 달궈진 몸을 식혀 주었다. 무슨 바람이 이렇게 산뜻하고 살갑지? 했더니 하늬바람이라고 했다. 이름조차 얼마나 예쁜지.

하늬바람은 중국 쪽에서 불어오는 바람으로 서풍 또는 갈바람이라고도 했다. 하는 짓도 예쁘다. 벼이삭을 비롯한 가을 곡식과 실과를 익게 해주는 고마운 바람이다.

"나와 함께 나서지 않을래? 네가 좋아하는 꽃들도 많이 피워 놓았거든."

하늬바람이 내 귓가에 속삭였다. 하지만 겨울바람과 꽃샘바람에 살갗이 시렸고 여름 무더위에 가슴을 태운 나는 망설였다.

"나서봐. 가을 들녘과 산이 네 가슴을 시원하게 풀어줄 거야!"

내 안의 자아도 한몫 거들며 웅크린 가슴을 자꾸 흔들어댔다.

마침내 나는 챙 넓은 모자를 꺼내 썼다. 하늘거리는 머플러도 목에 두르고 하늬바람을 따라 길을 나섰다.

노란 햇살이 눈부신 들녘에 벼이삭과 코스모스 꽃이 물결쳤다. 길가에 늘어선 플라타너스 잎들이 깃발처럼 펄렁이고, 머리 위 하늘은 높고 파랬다. 새털구름까지 비단 옷자락을 펼친 듯 춤을 추고 있었다. 내 가슴도 덩달아 출렁거렸다. 나는 가슴을 활짝 펴고 하늬바람을 따라 산길로 접어들었다.

쪼롱쪼롱 산새들의 노랫소리가 제일 먼저 반겼다. 예쁘게 물들어가는 나뭇잎들 사이로 포르르 포르르 나는 새가 낯익었다. 지난 봄 창밖 난간에 앉아 노래하던 새인 것 같다. 오랜만에 만난 지우 같아 손을 흔들어 주었다.

오솔길을 따라 보랏빛 쑥부쟁이 꽃이 줄지어 웃고, 억새가 흰 손을 펴 악수를 청했다. 가을 산은 볼 것도 많고 만져줄 것도 많았다. 그 중 유난히 눈길을 끄는 것은 송이송이 익어가는 밤송이다.

"갈꽃도 내가 피웠고, 밤송이도 내가 여물게 하는 거야!"

동행한 하늬바람이 귀띔해 주었다. 나는 그런 하늬바람이 좋아졌다. 덜 여문 내 마음도 익게 해줄 것 같아서다.

나는 하늬바람과 어울려 가을을 즐겼다. 그 기간은 너무 짧았다. 한창 즐거울 때 하늬바람이 슬며시 떠났으니까. 어찌 그리 말도 없이 떠났는지? 버려진 처지가 서러웠는지 꽃들도 지고, 잎들도 색색으로 멍이 들고, 열매는 껍질을 벗어버리고 땅에 떨어져 뒹굴었다. 내 마음도 같았다.

잽싸게 겨울바람이 찾아와 창문을 두드린다. 안으로 들어오겠다는 건지 밖으로 나오라는 건지 알 수 없지만 나는 귀 기울이지 않는다. 문을 열어 주지도 않고 따라 나서지도 않는다. 바람은 한 곳에 머물 줄 모르는 비정하고 냉정한 존재라는 걸 이미 알았기 때문이다. 오래 함께하길 마다하는 존재라는 것도. 그런데 참 이상하다.

내가 바람을 싫어하는데도 이름 모를 바람들이 늘 내 주위를 에워싸고 돈다. 나를 끌고 어딘지도 모를 곳을 향해 흘러간다. 낯선 바람에 묻혀 가면서도, 나는 살갑게 다가와 즐겁게 하고 여물게 해준 하늬바람만 생각한다. 다시 만나길 원하면서 오늘을 보낸다.

오우, 노(oh, no)

검은색 바탕에 빨간 장미꽃 자수가 예쁜 스웨터.

"다음 여행 갈 때 꼭 입고 가서 멋진 영감 한 명 헌팅 해와."하시며 M권사님이 나에게 건네준 스웨터다. 아직 소원을 못 풀어 드렸는데 세상을 뜨시다니! 나는 손에 든 스웨터에 얼굴을 묻었다.

3년 전 서유럽 패키지여행을 갔을 때이다. 파리에 도착한 첫 날, 12일간을 함께 할 낯선 여행객들과 합류하여 관광버스에 올랐다. 가이드가 앞자리에 앉은 사람부터 자기소개를 하라 했다. 의사도 있고, 소설가도 있고, 유치원장, 수녀, 기업인, 현지처를 대동한 일본인, 전직교수, 금슬 좋은 부부 등 30여 명이 활기찬 표정과 목소리로 자기 소개를 했다. 모두 나보다 돋보였고 나이도 어렸다. 맨 뒷자리에 있는 내게 차례가 왔다. 기가 죽어 말할 기분이 아닌 나는 마이크를 잡은 채 웃고만 서 있었다. 그런 내가 딱해 보였던지 이름만이라도 말하라고 가이드가 재촉을 했다. 순간 납작 엎드렸던 자존심이 발끈했다. '뭐야, 이름만이라니? 별 볼 일 없는 늙은이 취급이네! 썩어도 준치인 걸 모르고….' 가슴속에서 뜨거운 기가 솟으며 마이크 잡은 손에 힘이 주어졌다. 굳게 닫혔던 입이 술술 열렸다.

"나는 싱거운 사람이라 이름이 '신건자'인데 쉽게 기억되는 이름이라고들 합니다. 여기서는 내 나이가 제일 많아 눈길 보내 줄 분도 없을 텐데 내 소개가 무슨 소용이 있겠습니까. 하지만 내가 여기 온 목적만은 알려드리겠습니다." 하자 모든 시선이 집중되었다.

"나는 손자까지 둔 노처녀인데 죽기 전에 멋진 영감님 한 분을 헌팅해 갈까 해서 왔습니다. 멋진 영감님은 우리나라에도 많은데 왜 외국까지 헌팅을 하러 왔냐고요? 우리나라 멋진 영감님들은 20세 연하인 여자들만 쳐다본답니다. 그래 할 수 없이 외국 영감님을 헌팅하러 왔으니 적극 협력해 주시길 부탁드립니다. 이상!"

관심 없던 여행객들이 와그르르, 힘찬 박수와 호기심 어린 눈빛을 보냈다.

그 후부터 여행객들은 창밖을 내다보다가도 외국 노신사가 눈에 띄면 "저 영감님 어떠세요?" 큰 소리로 물으며 나에 대한 관심과 즐거운 분위기를 더해 갔다.

영국 영감도 제치고, 독일, 프랑스, 스위스, 오스트리아 영감 모두를 제쳤다. 이탈리아에 들어섰을 때다. 남자들 모두가 「로마의 휴일」영화의 주인공 '그레고리 팩' 빰치게 멋져 보였다. 세계에서 가장 잘생긴 남자들만 사는 나라 같았다. 노점상인도 노숙자도 하나 같이 인물이 출중했다. 아무래도 이탈리아 영감님을 헌팅해야겠다고 공표했다. 6인승 벤츠를 타고 시내관광 길에 올랐을 때다. 목적지에 도착하자 주차요원 영감이 우리가 탄 벤츠 앞으로 다가왔다. 역시 인물이 좋았다. 나는 옆자리에 앉아 있는 현지 가이드에게 긴급 통역을 부탁했다.

"저 영감님 나를 따라 한국에 가지 않겠느냐. 한국에 가면 먹고 사는 데 지장 없게 해 주겠노라고 말해봐라."

가이드가 함빡 웃으며 주차요원 영감님께 내 말을 꼬부랑꼬부랑 전달했다. 듣고 난 이탈리아 영감님이 창문으로 얼굴을 디밀고 내 얼굴을 뚫어질 듯 보았다. 그러다가 대뜸 하는 말이

"oh, no"였다.

김샌 내 기분은 아랑곳 않고 '졸지에 딱지 맞은 할머니'라며 동승한 여행객들이 놀려댔다. 그러면서도 나 때문에 즐거웠다느니, 다음 기회에 다시 도전하라느니, 위로인지 격려인지, 희희낙락 속에 서유럽여행의 막을 내렸다.

귀국 후 이런 경위를 M 권사님께 아뢰었더니 호탕하게 웃으시며 “아무래도 옷을 잘못 입고 가서 딱지를 맞았나봐. 다음엔 이걸 입고 가서 이태리 광장 벤치에 앉아있으면 틀림없이 멋진 영감헌팅에 성공할 거야.”라고 하면서 나풀나풀한 머플러까지 곁들여 주신 스웨터다.

그 후 아직까지 나는 영감 헌팅 길에 나서지 않고 쭈그렁 할멈 모습만 덧칠하고 있다. 이 스웨터를 입고 다시 용기를 내어 잘생긴 이태리 영감 헌팅 길에 나서볼까? 이 나이에 무슨….

“oh, no”

가을에 찾아온 사랑

온난화 때문일까? 여름이 너무 무덥다. 선풍기만으론 더위를 물리칠 수 없어 냉 샤워를 한다. 시원한 건 잠시뿐, 5분도 못가서 무더위가 다시 달려든다. 밤잠까지 설치게 끈적거리니 지겹고 지겹다. 어디든 좋다. 더위가 없는 곳이라면.

"북유럽이 최고지! 같이 떠나자."

친구의 말에 환호하며 두툼한 옷들을 싸들고 13일간의 북유럽여행을 떠나기로 했다.

2011년 8월. 인천공항에서 모스크바행 비행기를 탔다. 여행은 언제나 좋은 거다. 낯선 곳을 가면서도 마음이 들뜨고 부푸니 말이다.

아홉 시간 반 비행 끝에 모스크바공항에 내렸다. 서늘했다. 무더위가 내게서 떠났다.

우리를 인솔하는 가이드는 까칠하게 생긴 아가씨였다. 그의 안내로 여행객 30명은 곧 호텔로 가 투숙했다. 다음 날은 모스크바대학 유학중인 우리나라 청년의 안내로 모스크바 시내를 관광했다. 그런 후 비행기로 상트페테르부르크로 가서 3일간 러시아의 여러 곳을 관광했다. 유학생 가이드와 헤어질 때는 아들을 외지에 떨어뜨리고 돌아서는 듯 마음이 아릿했다.

4일째 날엔 목재수출국인 핀란드의 삼림지대를 지나 헬싱키에 도착했다. 대통령 관저가 있는 원로원광장과 시벨리우스공원 등 그 외 여러 명소를 온종일 끌려다니다시피 대충대충 관광했다. 무척 지치고 힘들었다. 숨 돌릴 틈도 없이 핀란드의 옛 수도인 투루크로 이동하여 호화 여객선이라 불리는 '실자라인'에 승선했다.

처음 겪는 크루즈 여행이라 마음이 부풀어 밤새 자다 깨다를 반복하다가 밝은 햇살이 퍼지는 아침을 맞았다. 창밖 풍경이 선명하고 너무 멋있었다.

청잣빛 하늘을 배경으로 발트해변 언덕에 앉아있는 집들과 아름다운 풍경에 취한 채 스웨덴의 수도 스톡홀름까지 흘러갔다. 내리기 싫은 배에서 내렸을 때 대형버스와 긴 머리를 뒤로 묶어 맨 훤칠하고 건장한 기사가 우리를 맞았다.

"저렇게 잘생긴 남자가 8일 동안 우릴 태우고 다닌다고?" 입들을 벌리고 좋아했다. 하지만 이때부터 까칠한 여자가이드의 대꾸가 골머리를 흔들게 했다.

"잘생기긴, 서른다섯 살이라는데 쉰다섯 살 같지 않아요? 이름은 '토마스' 국적은 '라트비아'라네요. 잘 모셔달라고 박수나 쳐주세요!" 그러면서 못마땅한 얼굴로 운전석 바로 뒷자리에 앉았다.

나는 고령자로 우대를 받아 오른편 앞좌석에 앉았다. 아름다운 전망을 한눈에 볼 수 있어 기분이 좋았다. 그런데 버스를 타고 가는 내내 '운전도 시원찮고, 눈치도 없고. 왜 고물버스를 가지고 왔담….' 등등. 여자가이드의 까칠한 말이 좋은 기분을 번번이 깼다. 사사건건 한국말로 '토마스'를 헐뜯으며 욕도 서슴없이 했다. 딱 한 번 급정거를 했는데 "사람 죽이려고 그래?" 소리치더니 즉석에서 본사(?)로 "다음엔 얘 내보내지 마세요!" 전화를 했다. 나는 오금이 저렸다. '토마스'가 알아차리면 어쩌나 싶어서였다. 하지만 '토마스'는 묵묵히 앞만 보고 운전을 했다. 그런 토마스가 믿음직스러웠다. 저런 토마스를 왜 미워할까? 미움 받는 '토마스'가 가여웠다.

아름다운 스웨덴과 덴마크를 거쳐 노르웨이로 들어섰다. 갑자기 내 눈이 번쩍 떠졌다. 노르웨이의 풍경이 숨 멎을 만큼 황홀했기 때문이다. 무려 4일 동안 노르웨이를 관광하면서도 계속 살고 싶은 나라라는 생각이 떠나질 않았다. 하지만 나는 내 나라로 돌아가야 한다. 멋진 노르웨이 할아버지에게 잡혀가지 않는 한.

'토마스'가 운전하는 버스는 '오슬로'로 가기 위해 하당에르산맥 소재 안개 낀 하당에피사 언덕을 넘고 있었다. 깎아지른 절벽과 굽이굽이 돌아내리는 좁은 산길이 아슬아슬하여 소름이 돋았다. 내다보기도 두려운 절벽 길을 한 굽이 한 굽이 돌아내릴 때마다 나는 주먹을 꽉 쥐고 외쳤다. "토마스 만세! 베스트 드라이버! 베리 굿! 땡큐! 원더풀!…" 등. 최고의 찬사와 칭찬이 되는 영어 단어를 외치며 손바닥이 아프도록 박수도 쳤다. 아무리 눈치가 없어도 내 칭찬과 격려는 알아챌 것이다. 그러나 '토마스'는 미동도 않고 앞만 주시하며 운전을 했다.

드디어 귀국 비행기를 타려고 모스크바 공항에 도착했다. 여행객들은 8일간 무사 운전을 해 준 '토마스'에게 "땡큐! 땡큐!" 하며 악수를 했다. 내 차례가 왔다. 토마스 앞으로 다가가 손을 내미는 순간, 토마스가 악수 대신 나를 와락 끌어안더니 "싸랑해요!" 하는 것이 아닌가. 그 품이 얼마나 단단하고 넓던지…! 함께 했던 여행객들의 박수 소리가 요란했다.

'아, 토마스는 알고 있었구나! 내가 자기를 추켜세우며 칭찬했다는 것을! 그래서 나를 싸랑한다고 하는구나!' 내 가슴이 먹먹해지며 눈시울이 뜨거워졌다. '토마스'의 눈시울도 붉어져 있는 것을 나는 보았다.

누가 가을을 남자의 계절이라 했나? 황혼기 여인에게도 이렇게 멋진 싸랑이 찾아오는 계절인 것을!

그날

눈이 하얗게 쌓인 수리산에 또 눈이 내린다. 벌거벗은 나무들은 희끗거리는 눈발 속에 언 채로 서 있다. 그 모습을 보니 문득 그날이 떠오른다.

육십 년 전, 내가 초등학교 삼학년 때 6·25전쟁이 났다. 얼떨결의 상황에 미처 피란을 못 간 우리 가족은 육군 장교 삼촌을 둔 덕분에 공산당원들에게 시달림을 받았다. 특히 아버지와 큰오빠가 그랬다. 큰오빠는 의용군으로 끌려가다 구사일생으로 도망쳐 수봉산 계곡 바위굴로 숨어들어 한여름을 죽은 듯이 살았다. 들키면 총살될까 간을 조이며 초죽음이 된 상태로 석 달을 지낸 구월 하순

경 한밤중, 느닷없이 하늘 높이에서 조명탄이 터지며 산야를 환히 비추었다. 처음 보는 구경거리에 어린 나는 손뼉을 치며 좋아했다. 그러나 잠시 후 마을 뒤를 에워싼 수봉산 너머 서해에서 어른 키만한 대포알이 포물선을 그리며 "쓩~ 꽈당!" 굉음과 함께 넘어와 마을 앞 경인도로로 떨어졌다. 순식간에 길이 한 길 넘게 패이고, 아랫마을 집이 부서지고, 사람이 죽고…. 놀란 나는 엄마 손에 이끌려 오빠가 숨어 있는 수봉산 계곡 바위 곁으로 가 귀를 막고 엎드려 밤새 오들오들 떨었다. 어둠이 채 가시지도 않은 여명 속, 빗발치는 포탄을 피해 주안 염전 둑을 타고 도망가던 공산군들 모습이 조명탄 빛을 받고 실루엣처럼 투영되는 걸 보면서, 어린 나는 서로 다른 이념이 빚어낸 전쟁의 무서움을 실감하고 몸을 떨었다.

아침 햇살이 밝게 퍼지자 수봉산 등성이로 맥아더 장군이 이끌고 온 유엔군이 넘어왔다. 유엔군 총대에 꽂힌 태극기를 보고 석 달 동안 바위굴 속에서 송장처럼 지낸 오빠가 뛰쳐나오며 목이 터져라 만세를 외쳤다. 눈물겹던 그날, 그 장면이 가슴을 친다.

며칠 후 유엔군은 9·28 수복이란 역사의 날을 만들고 빼앗긴 땅을 다시 찾으며 북진을 계속했다. '드디어 전쟁이 끝나는구나.' 싶어 한숨을 돌리던 1월, 또다시 공산군은 중공군을 대동하고 물밀듯 쳐내려와 우리 군으로 하여금 1·4 후퇴라는 오명을 남기고 후퇴케 했다. 달구지를 끌고 오는 공산군을 보고 6·25때 피란을 못가 곤혹을 치렀던 우리 가족은 허둥지둥 수리산 자락에 있는 외삼촌댁으로 피란을 갔다.

외삼촌댁에서 맘 놓고 피란생활을 하던 며칠 후 저녁 무렵이었다. 그날도 오늘처럼 수리산에 눈이 쌓이고 칼바람이 매섭게 몰아쳤다. 가족들은 방에서 화롯불가에 둘러앉아 도란거리고 나만 밖에 나와 눈사람을 만들고 있었다. 그 때 낯선 인민군이 불쑥 나타나 말도 없이 부엌으로 들어갔다. 나는 겁 없이 그 뒤를 따라 부엌으로 들어가 보았다. 그 뒤에 선 나를 아랑곳 않은 인민군은 부엌 구석에 쌓인 솔가지를 아궁이에 넣고 불을 지폈다. 불이 활활 타오르자 인민군은 어깨에 멘 따발총과 탄알이 주루룩 박힌 허리띠를 벗어 옆에 놓고 아궁이 앞에 앉아 언 신발과 옷을 말렸다. 탄알 띠에 호기심이 간 나는 인민군 옆에 쪼그리고 앉으며 탄알 띠에 손을 댔다. 그 순간 "안 돼! 위험해!" 인민군이 다부지게 소리치며 나를 보았다. 그러나 목소리와 달리 나를 바라보는 눈빛은 큰오빠의 눈빛처럼 따뜻해 보였다. 나는 무안했던 맘이 풀려 그에게 물었다.

"아저씨는 어디서 왔어요?"

인민군은 대답 대신 빙긋 웃으며 손가락으로 내 머리를 톡톡 쳤다. 그러더니 따뜻하게 말린 신발을 신고 따발총과 탄알 띠를 차고 밖으로 나갔다. 나도 그 뒤를 따라 나가 보았다. 발 빠른 인민군은 벌써 먼발치의 마을 어귀에 서서 손을 높이 흔들어 보이곤 눈발이 흩날리는 수리산 속으로 달려갔다. 나는 그의 뒷모습이 안 보일 때까지 지켜보았다.

며칠이 지났다. 미군전투기가 수리산 전역을 폭격했다. 수리산 나무들이 뿌리째 뽑혀 솟구치고 산 속에 주둔한 중공군과 인민군들이 전멸했다고 사람들이 수군댔다. 하지만 나는 그 인민군만은 살아있길 바랐다.

육십 평생을 스치고 간 숱한 날들! 그 한 날, 한 날은 나름대로의 의미를 담고 있다. 그 많은 날들 중 오늘처럼 수리산에 눈이 하얗게 쌓이는 날엔 어김없이 그날이 떠오른다. 그날 눈발 속을 달려가던 그 인민군은 지금까지 살아 있을까?

나는 지난 그날을 되새기며 다가올 또 다른 그날을 기다린다. 갈라진 동족간의 이념이 하나로 뭉쳐 통일을 이루는 날이다. 그날이 오면, 팔십 세가 넘었을 그 인민군을 만날 수 있을까? 만나면 반갑게 손을 잡고 그 때 그날을 이야기 하리라.

그리움으로 남는 이별

꽃은 필 때까지의 과정이 신비롭고 아름답다. 활짝 피고 나면 이미 추상했던 대로의 신비함이나 더 이상의 아름다움은 찾아보기 힘들다. 한번 핀 꽃들은 무엇이 그리 급한지 금세 윤기를 잃고 낙화의 몰골로 추연해진다. 그리고 이별을 예고한다.

이 봄이 그렇다.

망울망울 부풀다가 한 송이 두 송이 팝콘처럼 피어나던 벚꽃도, 연초록으로 싱그럽게 피어오르던 풀냄새도 어느새 떠나가는 봄 자락에 매달려 자태를 감추려 한다. 내 마음속에 정갈하고 순수하게 담겨졌던 친구가 또한 그렇다. 긴 여운을 남기지 못하고 이 봄과 더불어 모두 떠나려는 몸짓으로 내 앞에서 멈칫댄다. 그런 그들을 아픔으로 떠나보낼 것인지, 그리움으로 남길 것인지. 아니면 영원히 별리를 고할 것인지.

존경할만한 친구가 있었다. 내 눈에 비친 그는 신선이며 자비의 본체였다. 잔잔한 바다와도 같고 학처럼 깨끗했다. 인내의 소산이며 선량의 극치였다. 그의 입에선 단 한 번의 큰소리도 나오지 않았고 항상 단정히 앉아 차근차근 업무를 처리했다. 두뇌도 명석하여 아무리 어려운 일에 부딪혀도 당황하는 기색 없이 논리적이고 합리적으로 매끄럽게 마무리했다. 매사 능력 부족에 감성적이며 어수선한 나는 그런 친구가 곁에 있다는 것이 큰 힘이고 자랑이었다. 그 친구에 대한 내 마음은 감동의 포화상태로 기회만 있으면 그 친구 자랑을 했고 앞으로 더 큰일을 할 인물이라고 여러 사람 앞에 추켜세웠다. 그러면서 내가 그의 친구라고 하면 누가 될까봐 뒷전으로 비켜서서 나를 낮추었다. 이처럼 친구를 최대한 신선시하고, 고귀시하고, 품격 높은 인격자로 활짝 피워 올렸다. 그러나 만개한 꽃은 청초하지도 신비스럽지도 않다고 했던가!

순수한 마음으로 우러르며 소중히 피워 올린 친구는 어느 날 나와 거리를 둔 먼발치에서 활짝 피어났다. 그렇게 피어난 친구의 향기는 얼마동안 내게까지 풍겨오는 듯싶더니 갑자기 '무시'라는 독소로 나의 폐부를 깊숙이 찔러왔다. 그 독소는 의외로 진했다. 아무 방어 없이 찔린 나는 당혹감을 금치 못했다. 상처가 너무 깊고, 크고, 아팠다. 그 아픔은 그를 향했던 순수의 척도만큼 최상치의 격정과 서운함과 서러움을 동반한 채 몇 날 며칠을 가슴속에서 들쑤시며 곪았다. 활짝 핀 후엔 더 이상 필 것도 없어 추연한 모습으로 낙화하는 꽃들의 생리를 나는 어리석게도 인간과는 무관한 것인 줄 알았던 게 잘못이었다.

결국 최상치로 극찬했던 꽃은 어디까지나 내 맘대로 피워 올린 환상의 꽃이었으므로 그 꽃이 독소를 뿜으며 추연한 몰골로 낙화하는 모습을 보고 놀랄 필요도, 서러워할 필요도 없다는 생각을 하면서 상처는 서서히 아물어 갔다. 뒤따라 친구 위에 피워 올린 최상치의 꽃도 낙화되어 묻혀 갔다.

오늘은 담담한 심정으로 가는 봄을 바라보고 서 있다.

봄비가 내린다.

소리 없이 내리는 봄비 사이로 초등학교 2학년 때의 반장 얼굴이 떠오른다. 나보다 나이가 두어 살 많았던 걸로 기억한다. 키가 멀쑥하게 컸고 눈 다래끼가 자주 나는 선량한 남자애였다. 선량한 반장은 반 애들이 잘못했을 때 대신 매를 맞아주었다. 한 번은 최연소자였던 내가 색종이 접기에 어둑하여 울고 있으려니까 자기가 접은 것을 들고 책상 밑으로 기어와 "울지 말고 이거 가져, 또 접어줄게" 하였다. 나는 그때부터 넓은 아량의 반장을 사랑하게 되었다.

그해 여름은 햇볕도 따갑고 무더웠다. 그리고 6·25전쟁이 터졌다. 반장은 어디론가 피란을 떠난 후 아직도 돌아오지 않는다. 내가 애타게 기다린 줄도 모르고….

세월이 흐르면서 까까머리 반장의 모습은 물안개처럼 부옇게 희석된 채 내 기억에서 자취를 감추었다. 그런 반장 모습이 지금 꽃처럼 피워 올렸던 친구와의 이별을 새김질하고 서 있는 가슴을 헤집고 한아름의 그리움으로 다가온다. 영원히 떠난 줄 알았던 어린 날의 선량한 반장이 이별의 상흔까지 대신 아파해 주려고 다가오는 것일까?

조용히 비가 내리네 추억을 말해 주듯이…/ 옷깃을 세워 주면서 우산을 받쳐 준 사람…/ 어디에선가 나를 부르며 다가오고 있는 것 같아 …

노랫말에 실려 점점 더 큰 영상으로 다가오는 까까머리 반장. 실체는 보이지 않지만 가슴속에 그리움으로 남아 있다면 그것은 결코 이별이 아니다. 두 번 다시 생각하고 싶지도, 만나고 싶지도 않아 가슴에서 흔적 없이 지워버린 것만이 영원한 이별 아닐까! 그렇다면 지금 나는 몇 사람의 가슴에 이별 아닌 그리움으로 남아 있을까?

찾아 나선 길

나는 오늘 길을 나서기로 했습니다. 겨우내 웅크리고 들어앉아 있음으로 인해 씌인 음울한 형상을 벗기 위해섭니다. 그러려면 길을 나선 후 그 무언가를 찾아야 할 것입니다. 뭘 찾아야 할까요? 내가 들쓰고 있는 형상보다 훨씬 더 음울한 것들을 찾아야 할까요? 아니면 그 반대되는 것들을 찾아야 할까요? 외출복을 입고도 갈피를 못 잡아 한동안 서성거렸습니다.

아무래도 음울한 것과는 상반된 것들을 찾아 나서야 할 것 같습니다. 어둔 색에 어둔 색을 섞으면 더 어둡고 탁해지듯, 음울한 내가 음울한 것들을 찾아 만난다면 더 음울해질 가능성이 높을 것 같아서입니다. 대체 음울함과 상반되는 것들은 어떤 것들일까요?

아, 이런 것들 아닐까요? '즐겁고 감사한 것들!' 가슴이 뜁니다. 이제 무얼 찾아 나설 것인지 뚜렷해졌습니다. 나는 벌벌 떨리는 손으로 친구에게 문자부터 띄웠습니다.

"오늘 나는 즐거운 일과 감사한 일들을 찾아 길을 나선다. 얼마만큼 즐거운 일과 감사한 일들을 만나고 돌아올지 희망을 안고서!"

그랬을 뿐인데 마음이 즐거워지기 시작했습니다. 콧노래도 나왔습니다. 길을 나서는 발걸음이 가볍고 활기찼습니다.

지하철을 탔는데 경로석이 아닌 일반석이 비어 있었습니다. 얼씨구나 하고 앉았죠. 옆에 앉은 사람은 싱그러움이 풀풀 솟는 잘생긴 청년이었습니다. 나까지 젊어지는 기분이었습니다. 그러니 제가 얼마나 감사했겠습니까!

사당역에서 2호선으로 갈아타려면 에스컬레이터를 타고 올라가야 합니다. 하지만 발걸음이 가벼워진 나는 에스컬레이터를 외면하고 층계를 밟고 올라갔습니다. 젊은이들 못지않게 씩씩하게 잘 올라갔습니다. 아직 다리가 건강하다는 증거 아닌가요. 그래서 또 감사했지요. 기쁨이 가슴속 가득 출렁거리더군요.

수강생 자격으로 압구정에 있는 클래식 가곡 반에 당도했습니다. 노래를 좋아하는 노년층들이 모여 베테랑 오페라 프리마돈나의 지휘를 기다리고 있었습니다. 나도 한 자리 차지하고 앉았지요. 지휘

자가 내놓은 곡들은 '내 맘의 강물, 꽃구름 속에, 강 건너 봄이 오듯, 청산에 살리라' 등. 모두 내가 좋아하는 가곡들이었습니다. 나는 물찬 제비처럼 하이소프라노를 높이 날리며 두 시간 동안 신나게 노래를 불렀습니다. 너무 즐거웠습니다. 가슴속에 낀 묵은 찌꺼기까지 싹 훑어 내리는 것 같았습니다. 그러니 노래가 더 잘 나올 수밖에요.

"그 연세에 어찌 그리 높은 소리를 잘 내세요? 성악 전공하셨어요?" 묻는 옆 사람의 물음이 성악을 전공하지 않은 나에겐 또 하나의 즐거움이며 감사한 일이었습니다.

노래를 마치고 밝은 마음으로 나오는데 동료 수강생이 내 팔을 잡으며 말했습니다.

"나랑 영화 보러 갑시다. 여기 공짜표 있어요."

마다 할 이유가 없었습니다. 빈 집에 가 봐야 썰렁할 게 분명하니까요. 나는 또 즐거운 마음으로 동료를 따라가 공짜 영화를 봤습니다. 제목은 '일사 각오'인데 일본의 신사참배를 거부하다가 순교한 주기철 목사의 일대기를 담은 내용이었습니다. 그 시절에 내가 살았다면 나도 감옥살이를 했을지 모르지요. 그런 생각이 드니까 썰렁한 감옥보다 내 집이 훨씬 덜 썰렁하고 자유를 만끽할 수 있는 포근한 보금자리로 느껴져 사랑스럽고 소중하고 감사했습니다.

집에 오자마자 친구가 카톡 문자를 보내왔습니다. '뜻한 바를 얼

마만큼 이루고 돌아왔니?'

나는 가슴을 펴고 자신만만하게 답했습니다. '가슴이 벅찰 만큼! 음울함 완전 퇴치!'

그러자 아름다운 선율이 깔린 음악소리와 함께 다음과 같은 글이 떴습니다.

'세상은 그대가 바라보는 대로, 느껴지는 대로 변하는 것. 모든 것은 그대의 마음으로부터 비롯되는 것. 오늘 마주친 것들이 즐겁고 감사한 것들이었다면 그대 안에 즐겁고 감사한 것들을 찾는 마음과 겸손함이 가득했기 때문. 어린아이의 미소가 아름답게 보였다면 그대 안에 동심이 있기 때문이고, 해맑은 아침 햇살이 반가웠다면 그대 안에 평화가 있기 때문. 떨어지는 빗방울 소리가 듣기 좋았다면 그대 안에 여유가 있기 때문이고, 오늘 그대의 삶에서 향기가 났다면 그대 안에 희망이 있기 때문이니 앞으로 세상을 바라보는 그대의 잣대가 모두 희망적인 것이길 바람. 성공적인 귀가를 축하함!!!'

이런 문자를 받아 읽으며 나는 호탕하게 웃었습니다. 웃음소리를 듣고 겨우내 들씌워졌던 음울함의 껍질들이 훌훌 벗겨져 사라짐을 느꼈습니다.

며칠 전 옆 동 8층에 사는 56세 여인이 우울증으로 추락사를 했답니다. 나도 음울한 껍질을 계속 들쓰고 있었다면 그 여인처럼 됐을지도 모를 일 아닌가요?

오늘 내가 즐거움과 감사한 것들을 찾아 나선 행동은 밝고 맑은 앞날을 예고하는 빛나는 선물이 아닐 수 없습니다. 얼마나 즐겁고 감사한 일인지 모르겠습니다.

'세상은 그대가 바라보는 대로, 느껴지는 대로 변하는 것.' 친구가 보낸 메시지가 다시 업그레이드되어 어른거립니다.

나는 내일, 아니 앞으로도 계속 음울함이 접근 못할 희망적인 것들을 찾아 나설 것입니다.

그림 : 신건자

2부

것들, 것들…

일흔세 번째 남자

늙은 황진이 몸매

눈 내리는 날의 영상

친구관계의 온도

홍등가를 휘젓고 온 듯

것들, 것들 …

별난 취미

어느 명화의 배경 색상

전원주택 소고(小考)

오지랖의 수모

내가 기뻐해야 할 이유

조금만 더 기다려주세요

일흔세 번째 남자

비가 부슬거리는 날, 삼십대로 보이는 한 청년이 교도소에 설치한 무학자교육실을 찾아왔다. 청년은 담당강사인 나와 눈도 마주치지 못하고 엉거주춤 의자에 앉았다. 이곳을 찾아오는 재소자들은 거의 불우한 가정환경으로 초등학교도 못 다닌, 한글조차 모르는 이들이다. 그들은 스스로 눈뜬장님이라 말한다. 오늘 찾아 온 청년도 그런 사람일 것이다.

나는 이 청년을 반갑게 맞으며 "잘 오셨어요. 이름이 뭐에요? 물었는데 청년은 대답은 않고 당황한 기색으로 어깨를 움츠린다. 겉보기엔 매우 건강하고 순박해 보이는데 왜 말문을 못 열고 움츠릴까? 무슨 죄를 지었기에 여기까지 왔을까? 궁금했지만 불문율이라 물을 수가 없다. 보고 있던 나이 많은 선임재소자가

"괜찮아, 우리들도 처음엔 다 그랬어, 그러니까 이름이 뭔지 말해봐."

용기를 불어넣자 청년은 들릴 듯 말 듯 작은 소리로 "김○○" 한다. 겨우 이름만 말했을 뿐인데 얼굴과 목덜미가 붉어진 채 고개를 못 든다. 나는 그런 청년의 기를 살려주려고 "참 좋은 이름이네요. 목소리도 참 좋고요." 했더니 청년이 칭찬으로 들었나 보다. 어둡던 표정이 어린아이처럼 환해졌다. 숙였던 고개도 들고 이리저리 둘러본다. 칭찬 한마디에 마음이 열린 모양이다. 나와 선임재소자들은 청년의 밝아진 모습에 박수를 보냈다.

밝아진 청년에게 내가 활짝 웃으며 "칠판에 이름을 써 볼래요?" 했다. 내 말에 선임재소자들이 "그래, 그래 써봐." 백묵까지 집어다 주며 응원을 했다. 그런데 청년은 백묵 건네는 선임재소자의 손을 거세게 뿌리치곤 본래처럼 어깨를 움츠리고 고개를 숙여버렸다. 분위기가 다시 어색해졌고 청년의 입은 굳게 닫혔다. 응원하던 나이 많은 선임재소자가 정색을 하며 "왜 안 쓰냐?" 나무라듯 묻자 그제야 잔뜩 눌린 목소리로 "나, 글씨 못써요." 떠듬떠듬 말을 한 후 팔소매로 눈을 가렸다. 그 모습에 나도 선임재소자들도 할 말을 잃고 멍할 수밖에.

누가 멀쩡하게 생긴 이 청년을 제 이름 석 자도 못 쓰는 젊은이로 보겠는가. 누가 이 청년을 제 이름 석 자도 못 쓰게 키웠는가? 책임을 묻자면 1차적으로 부모님, 2차적으로는 국가와 의무교육 현장에 있는 교사들이라 하겠다. 나도 초등교육 현장에서 아이들의 기초교육을 담당했던 사람이니 퇴직을 했어도 책임이 있다.

'한번 선생은 영원한 선생이다. 학교 현장에 있을 때만 선생이 아니라 사회에 나와서도 한글 모르는 이들이 있으면 책임감과 사명감을 갖고 가르쳐야 한다.' 는 게 내 신조다. 그래서 정년퇴임 후 16년 동안 교도소에 수감된 무학자들을 가르치러 다녔다. 그 결과 72명이 문맹에서 벗어났다. 그들은 '눈 뜬 장님이 눈을 떠 세상이 새롭게 보인다.' 며 좋아했다. 이런 그들도 애초에 자기 이름 석 자는 쓸 줄 알았다. 제 이름조차 못 쓰는 재소자는 오늘 온 청년이 처음이다.

얼마 전 TV에서 할머니들이 한글 배우는 걸 방영했는데 꼬부랑 할머니도 삐뚤빼뚤하게나마 자기 이름은 썼다. 그런데 새파란 청년이 못쓰다니…. 나는 이 청년을 기필코 문맹에서 벗어나게 하리라 다짐했다.

육 개월 후, 드디어 제 이름도 못 썼던 청년이 내 앞에 당당히 앉아 가족에게 편지를 쓰고 있다. 한글을 깨우치고 새로운 삶을 다짐하는 일흔세 번째의 내 제자 모습이다. 얼마나 대견한가. 일흔세 번째로 눈을 뜬 이 청년보다 내 눈이 더 밝아진 느낌이다.

늙은 황진이 몸매

학도 아닌 것이 학보다 더 우아하다. 매끈함과 유연함이 인어공주보다 더 빼어나다. 백조인들 저렇게 눈부실까?

“와아, 멋있다. 와아, 예쁘다. 어머, 어머, 아름다워라….”

나는 일등 내빈석에 앉았으면서 체면도, 옆 사람 기분도 의식 않고 감탄사를 연발했다.

나의 넋은 비만덩어리 몸체를 탈출하여 아이스링크 위를 날고 있다. 저녁 여덟시부터 열시까지 관람시간 두 시간이 눈 깜짝할 사이에 흘러갔다.

“선생님, 이제 일어나시지요. 다 끝났는데요.”

제자의 목소리에 나갔던 넋이 내 몸체로 되돌아왔다. 나는 '끙' 소리를 내며 무거운 몸뚱이를 일으킨 후 제자의 손을 잡고 어기적 어기적 출구를 빠져 나왔다.

'어쩌면 좋단 말이냐, 헐떡이는 이 몸뚱이를!' 아이스링크 위를 가뿐이 날다 들어온 내 넋의 탄식이 골을 아프게 때렸다.

근래의 내 일상은 배가 차도록 먹고 자고, 안락의자에 앉아 TV 보다가 앉은 채로 또 자고, 깨어나선 시원한 음료수 마시고 또 자고의 연속이었다. 그래서인지 밤에는 침대에 누워 자다가 다리에 쥐가 나는 일이 빈번해졌다. 비몽사몽을 가리기 힘든 상황에서 가위에 눌려 허우적대는 일도 많아졌다. 잔뜩 먹어댔으니 밤새 화장실을 들락거리다 동틀 무렵에야 기진하여 늦잠을 자기 일쑤였다. 깨어나 보면 해가 중천에 떠 있다. 고약한 잠버릇에 시달린 덕분에 뱃속이 허하다. 일어나기 무섭게 음식부터 또 먹어댄다.

이러면서 '설마, 설마' 방심하는 사이 내 몸뚱이는 뚱뚱보로 망가져 헐떡거렸다. 어깨, 등, 무릎 어디 한 군데 저리고 쑤시지 않는 부위가 없다. 한의원엘 가서 침도 맞고 부황도 떴다. 한약도 지어 먹었다. 허지만 내 몸은 속수무책 혈압까지 높아지면서 점점 더 망가져만 갔다. '이러다간 금년을 못 넘기지 아마!' 그런 생각을 하면서 유서까지 썼다 지웠다 하던 중이었다.

"선생님 나오세요."

40년 전 초등학교 제자가 나를 불러냈다. '볼쇼이 아이스쇼'를 보러 가잔다. 거동하기 귀찮아하는 뚱보 스승을 성심껏 승용차에 태우고 가는 제자 보기가 부끄럽고 미안했다. 이런 스승이 뭐가 좋다고 살갑게 모시다니.

제자 손에 이끌려 어기적어기적 들어간 목동 아이스링크. 들어서자마자 한여름 무더위가 싹 가시는 냉기가 상쾌했다. 무거웠던 몸과 마음이 가벼워지는 느낌이었다. 제자는 내빈석 중에서도 가장 상석에 나를 앉혔다.

잠시 후, 화려한 조명과 함께 오케스트라 '카르멘' 의 선율이 웅장하게 퍼지는 아이스링크 위로 쇼 연주단원들이 날개 달린 천군 천사들처럼 미끄러져 나왔다. 눈이 부셨다. 황홀했다. 화려한 조명과 오케스트라뿐 아니라 삼라만상의 온갖 진선미를 다 제압한 것 같은 아름답고 예쁘게 깎아 다듬어진 빼어난 몸매, 유연하고 세련된 몸짓, 남녀 단원 모두의 몸체는 머리부터 발끝까지 수려하고 매끄럽고 아름답지 않은 곳이 없었다.

"아, 예뻐. 우와, 우와, 멋져! 인체가 저토록 아름답다니! 지상 최고의 걸작이야!"

시종 주먹을 움켜쥐고 숨죽이고 보면서도 입에서는 연달아 감탄사가 튀어나왔다.

서정적인 '백조의 호수' 선율을 타고 깨끗하고 아름다운 날개를 파닥이던 인체들을 눈 속, 머릿속에 가득 담고 돌아오는 승용차 속에서 나는 입도 뻥끗 못했다. 나를 만들어 낸 조물주에게 죄송스럽기 때문이었다.

밤 열한 시, 집에 들어선 나는 알몸으로 화장실 거울 앞에 섰다. 거울 속에 비친 나의 육체. 있어야 할 곳, 없어야 할 곳 분별 못하고 울퉁불퉁 균형을 잃은 군살. 어쩌면 좋단 말인가! 조물주에 대한 예의가 말이 아니었다.

"이제부터 시작하는 거야."

나는 밤이 지새는 것도 잊고 온몸을 비틀고 흔들고 헐떡헐떡 뛰면서 군살 빼기에 몰입했다. 땀이 줄줄 흘렀다. 알 수 없는 승리의 쾌감이 솟았다. 그러기를 벌써 한 달째.

새벽마다 놀이공원까지 달려 나가 운동기구에 매달린 내 입가에 희망찬 미소가 떠나질 않는다. 아무도 못 보았을 늙은 황진이의 멋진 몸매. 그 멋진 몸매가 머지않아 내 몸 위에 덧입혀질 것 같기 때문이다. 조물주의 밝은 미소도 어렴풋이 보이는 것 같다.

눈 내리는 날의 영상

앞산에 첫눈이 폴폴 내리고 있다. 어린아이처럼 설렌다. 눈송이는 점점 불어나 냉기에 떨고 있는 나목들 위로 햇솜처럼 쌓인다. 한 폭의 명화를 보듯 바라보고 있자니 아득히 멀어져 간 날의 한 젊은 사나이가 흩날리는 눈발을 헤치며 산길을 내려오는 모습이 어린다.

반세기 전 일이다.

실연(失戀)의 시련(試鍊)에 떨고 있는 여인에게 정 깊은 선배가 한 청년을 소개했다. 청년은 재벌 집 맏아들로 귀하게 자랐는데 대학생 때 갑자기 아버지를 여의고 홀어머니와 8남매의 생계를 책임져야 할 몰락가의 가장이 되었다. 고생을 모르고 자란 청년은 암담한 심정으로 대학을 중퇴하고 생활전선으로 뛰어들어 일했다. 그러느라 늦도록 장가도 못 갔다. 청년의 성품은 산전수전을 겪어서인지 나이답지 않게 너그럽고 이해의 폭이 넓었다. 게다가 학창시절에 쌓은 신앙심과 스포츠로 다듬어진 온화함, 정의감, 의협심이 두드러졌다. 그런 청년이 시련에 떨고 있는 여인을 감싸 안겠단다. 세상에는 배신하고 상처주는 남자만 존재하는 게 아니란 걸 보여 주겠단다. 하지만 실연의 상처가 아물지 않은 여인은 청년을 외면했다. 평생 어느 남자도 가까이 할 생각이 없었다. 그럼에도 청년은 반년이 넘도록 전화로, 또는 행동으로 여인의 마음을 다독이며 감싸 안으려는 행동을 꾸준히 펼쳐나갔다. 여인은 여전히 외면했다. 그러면서 반년이란 세월이 또 흘렀다.

영원할 것 같던 청년의 다독임이 어느 날부터 뚝 끊겼다. 갑작스런 단절이 궁금했지만 여인은 그냥 흘려버렸다. 해가 바뀌고 다시 겨울이 왔다. 하루는 청년을 소개했던 선배가 여인을 찾아와 말했다.

"어제 그 청년의 동생 결혼식에 갔었는데 장가도 못 간 형(청년)이 아버지 자리에 앉아 있는 게 안됐더라. 가난한 집 맏아들한테는 시집 올 여자가 없나?"

선배의 말에 여인의 마음이 움찔했다. 잘난 것도 없으면서 청년을 외면해 온 행동을 나무라는 것 같아서다. 청년이 가엽다는 생각이 들었다. 청년을 위로해 주고 힘도 실어주고 싶다는 생각도 들었다. 죽으면 썩을 몸인데….

드디어 여인이 전화기를 들고 청년에게 말했다 "고급 요리를 대접하고 싶은데요."라고.

기꺼이 달려 나온 청년이 소문난 맛집을 안내하겠다며 앞장섰다. 청년이 안내한 곳은 길거리 가건물 우동 가게였다. '이게 무슨 고급 요리집이람?' 어이없어하는 여인 앞에 청년이 우동 한 그릇을 시켜 놓고 '이름 난 우동이니 맛만 보라'고 했다. 내키지 않았지만 여인은 청년이 시키는 대로 앉아 우동을 반 그릇쯤 먹었다. 바라보고 있던 청년이 그만 먹어도 되겠다며 앞장서 계산을 한 후 밖으로 나갔다. 밖에는 뻥튀기 과자를 파는 리어카가 있었다. 청년은 어른 베개만한 뻥튀기 한 봉지를 사서 여인에게 안겨 주었다. 그리고 당당하게 앞서서 걸어갔다. 창피했지만 여인은 고급 요리 집으로 안내하는 줄 알고 뻥튀기 봉지를 가슴에 안은 채 잠자코 청년의 뒤를 따라 갔다. 그런데 앞서가던 청년이 버스 정류장 앞에서 우뚝 멈춰 서며 말했다. "처음 식사 대접은 남자가 해야죠. 오늘 제 주머니 사정이 요것뿐이어서…. 다음에는 두둑한 주머니로 고급 요리를 대접하겠습니다. 오늘 불러주신 것만으로도 고급 요리를 대접받은 것보다 더 고마워요. 자, 그럼 여기서 헤어지는 게 좋겠습니다. 잘 가요." 말을 한 후 손을 흔들어 보이곤 갈 곳이 있다며 기차역을 향해 달려갔다. 달려가는 청년의 머리 위로 흰나비 떼 같은 눈송이가 폴폴 내리고 있었다. 잠깐 사이 청년의 모습은 눈발 속으로 사라졌다. 그때 사라졌던 청년의 모습이 지금 눈 내리는 산길을 내려오고 있는 것 같다.

"어머니, 오늘이 아버지 기일이죠? 눈이 내리네요. 아버지가 눈을 맞으며 오시겠어요." 전화기를 타고 들려오는 큰아들 목소리다. 반세기 전에 들었던 청년의 풋풋한 목소리를 똑 닮았다. 아들의 목소리와 함께 그 청년의 영상이 눈발 속 산길을 헤집으며 내려온다.

친구관계의 온도

'친구는 보배다. 친구가 많을수록 좋다.' 동창이 보낸 카톡 내용이다. 과연 그럴까?

논어에 익자삼우(益者三友)란 말이 있다. 우직(곧은 친구), 우량(성실한 친구), 우다문(지식이 많은 친구) 세 부류의 친구를 칭한 것이며, 자신과 상대방이 서로 익자삼우(益者三友)가 될 수 있다면 이런 친구야말로 진정한 친구라 했다. 하지만 나는 익자삼우(益者三友)보다 마음이 통하여 서로를 하나인 것처럼 아끼고 위태로울 때 몸까지 내줄 정도의 친구가 진정한 친구라고 말하고 싶다.

다들 아는 이야기 중, 많은 친구들과 어울려 다니는 아들한테 친구라곤 오직 한 명뿐인 아버지가 말했다. '돼지 한 마리를 잡아 거적에 말아 메고 친구들을 찾아가 살인하여 시체를 지고 왔으니 숨겨 달라.' 해보라고. 결과, 아들은 숨겨주는 친구가 한 명도 없었으나 아버지의 한 명뿐인 친구는 두말없이 숨겨주었다. 누가 진정한 친구인가는 물을 필요도 없다.

친구가 많다고 다 진정한 친구가 아니란 거다. 단 한 명이라도 아버지의 친구 같은 친구가 진정한 친구요, 보배 같은 친구요, 많을수록 좋은 친구인 것이다. 알면서도 사람들 중에는 깊은 우정 없이 이 사람 저 사람, 이 모임 저 모임 두루두루 만나고 참석하는 사람이 많다. 그렇게 만나는 친구들이 다 친구인줄 아는 모양이다. 그러다 보면 시간 소비에 몸만 바쁠 뿐, 진정한 친구 하나 제대로 못 갖고 뒤늦게 허망함을 깨닫는 경우가 있다.

「법정마음의 온도」라는 책에도 '스쳐가는 인연은 그냥 보내라. 옷깃을 스친 사람까지 헤프게 인연을 맺어 놓으면 쓸 만한 인연은 만나지 못하고 어설픈 인연만 만나게 되며 그들에 의해 삶이 침해되는 고통을 받는다.' 했다.

좋은 친구를 두고 싶다면 자신이 먼저 좋은 친구가 되어야 할 것이다. 의리 있고, 잘 돕고, 품행이 단정하고, 마음이 온유하고, 인정이 많고, 성실하면 친구들 사이에 평판이 좋다. 무슨 일이든 앞장서서 잘 해내고, 정직하고, 예의 바르고, 함부로 말하지 않고 진

중하다든지 하면 그런 친구를 안 좋아할 사람은 없다. 나도 그런 친구가 되고 싶어 노력을 많이 하는 셈인데 얻은 건 '정이 많고 편한 사람'이라며 많은 사람들이 가까이 대해 준 것이다. 그러나 친구의 한계는 최대한 거기까지여야 한다.

더하여 배려, 양보, 곤경에 처한 사람 돕기, 신세진 거 빨리 갚기, 나를 낮추고 상대방 존중하기 등. 이타심 발휘에 적극 힘쓰다 보면 '꼼수, 오지랖, 자기과시'란 뒷말이 따라붙는다. 다시 말해 일방적 오지랖의 도가 지나쳐 정이란 정 다 쏟아붓고, 간, 쓸개, 창자까지 빼주고도 부족하여 납작 엎드려 상대방을 추켜 떠받들다간 좋은 소리도 못 듣고 복장 터지고 가슴칠 일이 생긴다는 뜻이다.

'아무에게나 진실을 투자하는 건 위험한 일이다. 이것은 상대방에게 내가 쥔 화투 패를 일방적으로 보여주는 것과 다름없는 어리석음이다. 인연을 맺음으로써 도움을 받기도 하지만 그에 못지않게 피해도 많이 당하는데 "대부분의 피해는 진실 없는 사람에게 진실을 쏟아부은 대가로 받는 벌이다."란 법정스님 말대로 내가 지금 그런 벌을 받고 있다.

내 몸처럼 아끼고 평생 떠받들어도 부족할 것 같은 친구가 있었는데 지금은 변심하여 내 곁을 떠났다. 그로 인한 허탈감, 배신감의 고통을 어찌 말로 표현할까. 결국 통째로 깊은 정과 진실을 쏟아붓고 버림받은 꼴이어서 뜨겁던 마음이 영하 밑바닥으로 하강하여 꽝꽝 얼어붙어있다. 그런 나는 사람 대하기가 두렵다. 단 한 명의 친구도 갖고 싶지 않고 1%의 정도 쏟고 싶지 않다. 이럴 때 삭발하고 산속 깊이 들어가 은둔해야 할 것 아닌가!

삼라만상은 눈에 보이는 것이든 안 보이는 것이든 모두 적정한 온도를 갖고 있는데 인간관계도 마찬가지다. 특히 친구관계는 연인이나 부부처럼 뜨거운 관계는 아니다. 그렇다고 원수처럼 냉기가 흐르는 관계도 아니다. 그러니까 친구관계의 온도는 중간선에 머물러야 정상일 것이다.

아직은 주변에 동창들, 동호인이 많다. 나를 향한 그들의 온도는 어느 정도인지? 미지근함, 무심함, 비정함, 냉정함, 형식적인 것만 느껴진다. 나름대로의 색깔도 보인다. 내 마음이 얼어붙어 있으니 좋은 색깔을 보여줄 리가 없다. 천만다행인 건 인간관계의 온도는 계절별 날씨처럼 변덕스러워서 얼어붙어 있다가도 봄날처럼 풀어진다는 것이다.

지금 영하에 머물러 있는 내 마음의 온도는 어떤 친구가 뜨겁게 상승시켜 줄까? 그런 날, 그런 친구가 왔으면 좋겠다.

홍등가를 휘젓고 온 듯

천관녀의 집 문 앞까지 김유신을 태우고 간 말. 그 말과 같은 내 발. 말의 목을 단칼에 베고 돌아선 김유신처럼 냉혹하게 발을 끊어야 할 내가 입을 함박꽃처럼 벌리고 떨어진 알밤을 줍는다. 다람쥐를 위해 다시는 산밤을 줍지 않겠다던 작년 이맘때의 결심이 단숨에 무너져버린 셈이다.

추석이 임박한 무렵, 뒷산 밤송이들이 누릇누릇 익어가는 걸 바라본 순간 '산밤이 떨어지겠네!' 생각이 스쳤다. 어느새 지조 없는 내 마음이 뒷산 밤나무 숲으로 내달렸다.

나는 긴팔 상의와 헐렁한 바지, 헌 장갑과 모자, 헌 운동화 차림으로 배낭을 걸친 채 지팡이를 들고 뒷산을 향했다. 밤나무 숲에 들어서자 지팡이로 풀잎을 툭툭 치며 걷는다. 뱀도 물리치고 낙엽 속에 숨은 밤도 찾아낼 속셈이다.

밤나무 밑에 떨어진 밤들이 빨간 알몸을 드러낸 채 나를 보고 반짝반짝 웃는다. '와아 요놈도 예쁘고 조놈도 예쁘고. 한 알, 두알, 세 알 네 알….' 정신없이 산밤을 주워 비닐봉지에 담는다. 벌어지지 않고 떨어진 밤송이는 발로 밟고 지팡이 끝으로 찔러 껍질을 벗겼는데 알맹이가 형편없다. 다른 밤송이는 안 그렇겠지 했지만 마찬가지로 벌레가 먹었거나 쭉정이였다. 그런 줄도 모르고 가시에 찔려가며 껍질을 벗기다가 산 모기들한테 등짝과 목덜미를 사정없이 물렸다.

대개의 밤송이 속에는 세 톨의 밤알이 들어있다. 그 중 가운데 것이 단단하고 알차다. 양 옆의 것은 반달 모양으로 속이 알차지 못하다. 그래서 나는 가운데 것을 좋아한다. 밤송이 안에는 한 톨만 들어있는 것도 있다. 이런 놈을 알밤이라 하는데 알차고 맛이 으뜸이다. 이런 밤을 주우면 대갓집 고명딸을 신부로 맞은 신랑이 된 듯 마음이 설레고 횡재한 듯 기분이 좋다.

밤송이가 다닥다닥 달린 밤나무 밑에는 콩알만한 밤들이 오소소 떨어져 있다. 웬 떡이냐 싶어 달려들어 쓸어 담는데 봉지는 차지 않고 시간만 소비된다. 알이 작아 먹을 것도 없다. 이런 건 남 주기도 낯 뜨겁다. 결국 줍다 말고 '다람쥐나 먹으라지' 인심 쓰며 일어서지만 요렇게 작은 건 다람쥐도 건드리지 않는다. 개미같이 작은 벌레들만 달라붙어 파먹는다.

내 발소리에 놀라 다람쥐가 먹던 밤을 놓치고 간 모양이다. 알도 굵고 샛노란 게 맛있어 보인다. 얼른 주워 성한 쪽을 씹어본다. '아작아작' 고소하고 달콤하고 맛이 참 좋다. 그런데 뒤통수가 따갑다. 놀라서 놓고 간 밤 씹는 나를 다람쥐가 숨어서 노려보는 것 같아서다. 나는 다람쥐가 다시 돌아와 먹기를 바라면서 씹던 밤을 슬그머니 내려놓고 다른 밤나무 밑으로 발길을 옮긴다.

사람 발길이 안 닿은 후미진 계곡 밤나무 밑에 굵은 알밤이 깔려있다. 웬 떡? 두근거리는 마음으로 입을 헤벌리고 정신없이 밤을 줍는다.

다갈색을 띤 채 윤기가 자르르 흐르는 알밤을 줍는 내 마음도 윤기가 흐르고 즐겁다. 그들 중 알은 큰데 색깔이 거무스름한 밤이 있다. 색깔이 수상하여 주워 깨물어 보니 살이 무르고 냄새가 역하다. 이미 벌레가 먹어 썩은 것이다.

이제 다 주웠는가 싶어 일어서려는데 큼직한 알밤이 툭 떨어진다. 손바닥에 올려놓고 보니 훤칠한 게 복스러운 부잣집 맏며느리 같다. 흠잡을 데 없이 둥글둥글 잘 생겼다. 이런 건 남 주지 말고 얼른 먹어야 한다면서 어금니로 꽉 깨물었다. 아뿔싸!

겉이 잘 생겼다고, 부잣집 아녀자 같다고, 혹해서 욕심을 내 깨문 밤은 속에 벌레가 들어 있었다. 씹은 입 안이 썼다. 벌레 먹은 자리에는 멍이 들었다.

어느새 서너 시간이 훌쩍 지나갔다. 등에 진 배낭이 묵직하다. 지팡이를 내두르며 산을 내려온다. 거의 다 내려왔는데 줍다 말고 간 콩톨만한 밤들이 아직도 나를 기다리며 방긋거린다. 나는 그들을 본체만체 지나친다. 배낭 속에 크고 잘 생긴 밤알이 가득한데 콩톨만한 것들을 탐하랴! 오만한 자세로 눈길도 안 주고 내려온다. 그런데 왜 마음이 찜찜할까?

갑자기 홍등가를 휘젓고 온 기분이 든다. 가본 적은 없지만 빨간 불빛 녹아내리는 뒷골목 홍등가에서 손님을 맞는 소녀들 모습이 연상된다. 나는 지금 그와 같은 밤들을 배낭 가득 헌팅해 오는 꼴이다. 할 짓인가. 모양새가 글렀다. 그래서 아까부터 김유신과 목 잘린 말이 잠재의식 속에서 꿈틀댔나 보다.

나는 배낭 속 알밤들을 짊어진 채 다시 숲속으로 들어갔다. 사람 발길이 안 닿는 곳에다 주운 밤을 훌훌 뿌리며 중얼거렸다.

'말 목을 벤 김유신처럼 앞으로는 산밤 주우러 가는 내 발길을 끊을 것이다.'

빈 배낭을 지고 산을 내려오는 내 뒤에서 숨어 보던 다람쥐들이 손뼉을 치는 것 같다.

것들, 것들 …

· 나를 슬프게 하는 것들

'안톤 슈낙' 눈에만 슬프게 보이는 것들이 있는 게 아니다. 내 눈에도 슬프게 보이는 것들이 있다.

봄 4월, 눈부시던 목련꽃과 벚꽃이 땅에 떨어져 밟히는 모습.

오월 으스름달밤에 끊길 듯 말 듯 들려오는 소쩍새 울음소리. 대금소리.

갈바람에 흔들리는 억새.

갈대밭을 스치는 바람소리.

늦가을 길 위에 뒹구는 플라타너스 낙엽.

추수 후 홀로 빈 논에 서 있는 허수아비.
인적 없는 강가의 나룻배 한 척.
빈 하늘에 흘러가는 구름 한 조각.
벨소리 끊긴지 오래된 전화기.
가로등불 밑 빈 의자.
탁자위 식은 커피 한 잔.
태풍이 지나간 어촌마을,
비 오는 날의 숲속.
나뭇가지에 홀로 앉아 있는 새.
겨울나무.
목 길게 빼고 먼 곳 바라보고 있는 기러기솟대.
첼로의 현을 타고 흐르는 G선상의 아리아, 지고이네르바이젠.
크루즈 때 들려온 여성 솔리스트의 가냘픈 솔베이지 송.
'돌아오라 쏘렌트로' 주인공.
빈 소주병 움켜쥐고 벤치에 앉아 고개 떨구고 있는 노숙인,
폐휴지 카트 끌고 가는 허리 굽은 할머니.
빚에 몰려 허덕이는 기러기아빠.
신발장 속에 남겨진 남편의 등산화 한 켤레.
손잡고 가는 부부 뒷모습을 바라보고 서 있는 내 모습.
설날 문 밖에서 나를 기다리던 백발노모.

돌아가신 어머니의 빛바랜 흑백 사진 한 장.

길가에 앉아 오지 않는 주인 기다리는 유기견.

가랑비 속을 목발 짚고 가는 늙은 친구 뒷모습.

이런 것들이 나를 슬프게 한다.

· 나를 즐겁게 하는 것들

'카톡! 카톡!'

새해 아침부터 '복 많이 받으세요.' '즐겁고 행복한 하루되세요.'란 메시지다.

'무슨 복?' '어떤 즐거움?'

돈복, 자식복, 배우자복, 관복 이런 것들은 내 맘대로 받을 수 있는 복이 아니다. 받았다 해도 평생 즐겁고 행복하긴 어렵다. 온갖 복을 받아 누린 솔로몬 왕도 '모든 것이 다 헛되고 헛되다.' 했으니.

가진 것 없는 나는 솔로몬 왕처럼 헛된 인생을 말하고 싶지 않다. 단, 아름다운 노을빛으로 세상을 물들이고 수평선 뒤로 사라지는 해처럼 멋있는 노년의 복을 누리고 싶다. 하지만 맘과 달리 우중충한 나날을 보내고 있으니….

'밖으로 나가면 즐거움을 만날 수 있을까?' 하여 외투를 걸치고 밖으로 나가본다. 아, 보인다.

겨우내 헐벗고 있던 나뭇가지에 번진 파스텔톤 연두 빛깔이 내 눈을 즐겁게 한다. 양지바른 돌 틈에 핀 민들레꽃과 제비꽃이 나를 즐겁게 한다. 봄꽃 피는 숲속을 드나들며 즐겁고 행복한 나날을 보낼 수 있다는 전주곡이다.

내친김에 산본 중심가 시장으로 향했다. 내가 좋아하는 '칼국수 집'이 보인다. 문을 열고 성큼 안으로 들어섰다. 앞에 놓인 뜨끈한 바지락 칼국수 한 그릇이 나를 즐겁고 행복하게 한다.

이웃 할머니가 쪄다 준 쑥 개떡과 묵은 총각김치찜.

외로운 나를 위해 먼 곳을 달려와 준 친구의 따뜻한 마음.

화상통화 때 비친 재롱덩어리 어린 손자 얼굴.

맘 맞는 친구와 바다가 보이는 카페 창가에 앉아 차를 마시는 일.

첫사랑 남자가 '나를 보고 싶어 한다'는 말.

친구에게 보낼 선물 꾸러미.

재미있는 동화책 한 권.

수십 번 읽고 고치며 탈고한 수필 한 편.

내 손으로 그려낸 수채화 한 장.

말끔히 닦여진 유리창.

아침 산책길.

화단에 옮겨 심은 들꽃들의 웃는 모습.

교도소로 문맹 수감자 글 가르치러 갈 때.

문인연주회원들과 악기 연주할 때, 합창할 때.

창문을 열고 새 아침을 맞았을 때 들려오는 새소리.

이런 것들이 나를 즐겁게 한다. 활력도 주고 나이도 잊게 한다.

· 나를 설레게 하는 것들

사랑하는 사람에게서 온 전화벨 소리.

택배 받으라는 우체부 메시지.

5월의 풀꽃향기.

30년 만에 찾아가는 고향마을.

새로 산 핑크빛 구두.

여행가방 메고 공항버스 기다릴 때.

여객기 창문 옆 좌석에 앉았을 때 .

어린 손자 오는 날.

새로 출간한 작품집 펼쳐 보는 순간.

내 그림이 연합전시회전에 처음 출품되던 날.

장학사시험 후 받은 합격통지서.

교장발령장 들고 부임하러 가던 날.

정년퇴임 후 재활주간보호센터 관장으로 초빙됐을 때.

신생아실로 첫 손자 보러 갔을 때… 등등.

나를 설레게 한 이런 것들은 침체했던 인생 여정에 새 희망과 꿈을 안겨주었다.

오늘은 또 어떤 것들이 나를 설레게 할까.

· 나를 짜증나게 하는 것들

살다보면 짜증나는 일이 왜 없겠는가. 새도 집을 침범당하면 짜증을 내고, 개도 발로 차이면 짜증을 낸다. 생명이 있는 존재이니 짜증내는 건 당연한 일이다. 아직 살아 있다는 증거다.

어느 사람이 말하길 '교양을 갖춘 모든 사람이 금기하는 것 중 하나가 바로 짜증내는 것'이라 했다. 나는 교양을 못 갖춰 그런지 짜증날 때가 많다. 주로 나를 짜증나게 하는 것들은 신경을 자극하는 소리, 역한 냄새, 눈에 거슬리는 환경 등이다.

짜증 중에는 주파수가 안 맞거나 신체적 감각을 자극해서 일어나는 물리적 짜증과, 인간관계에서 내 생각과 하는 일에 방해를 받아 일어나는 사회적 짜증이 대부분이다. 전자는 내 의지에 따라 피할 수가 있는데 후자는 내 의지만으로 해결되지 않는다.

근래 나는 표리부동한 W 때문에 짜증이 나고, 화도 나고, 욕도 하고 싶고, 밉기도 하여 속을 끓인다. 그런 나에게 어느 친구가 '그러려니 하고 허허 웃어라. 넉넉한 마음으로 이해하고 용서해라.' 한다. 도인 같은 이 친구의 말은 나를 속 좁은 인간으로 치부하는 것 같아 짜증이 난다. 그러나 '나는 교양을 갖춘 사람인 걸.' 하면서 꾹꾹 눌러 참는다. 그러니까 속이 거북하다.

친구는 한 수 더하여 '인간다워지는 10가지 충고'란 동영상을 보내왔다. '뭐야, 내가 인간답지 않다는 거야? 어우 짜증나.' 투덜대다가 '나는 교양을 갖춘 사람인 걸' 하면서 또 꾹꾹 눌러 참는다. 이렇게 꾹꾹 눌러 참고 참아서 그런지 짜증나는 일이 자꾸 생긴다.

TV에 비치는 정치판이 그렇고.

자기 흠 모르고 교훈적인 글만 보내는 친구가 그렇다.

입만 열면 눈웃음 살살 치며 자기 자랑하는 L.

과부에게 부부여행 다녀온 사진 보여주는 K.

닫히는 엘리베이터 문 비집고 들어오는 할배.

삼수 아들 둔 사람 앞에서 자기 아들 명문대 합격 턱 내는 M.

셋방 사는 친구 앞에서 강남 큰 아파트 사서 이사 간다고 말하는 O.

전화기 붙잡고 장시간 영양가 없는 말 늘어놓는 Y.

전철 안에서 큰소리로 떠드는 노친들.

옆자리에 앉아 장시간 전화하는 여편네.

남의 말 툭 끊고 끼어들어 자기 말만 늘어놓는 친구.

자기과시, 합리화, 거짓말로 허접한 내면 포장하는 O.

남편 권력 남용하는 여편네.

교회 직분을 계급으로 아는 교인

베란다 창틀에 싸놓은 비둘기 똥.

애견 끌고 나와 공원, 길가에 배설시키는 남정네.

휴대전화 귀에 대고 바쁜 행인 앞에서 지척대는 人.

드라마 직전 긴 광고 선전.

불효자 주제에 남보고 효도하라 충고하는 X.

名字(名門, 名品, 名士 등) 과시하는 여사.

참 많다. 많이도 보인다. 그래서 그때마다 짜증을 내려고 하면 '교양을 갖춘 사람이 금기하는 것 중 하나가 바로 짜증내는 것'이란 말이 떠올라 참고 참느라 애를 쓴다. 그러나 참는 것이 장땡은 아닌 것 같다. 억지로 참자니 손과 눈꺼풀이 발발 떨릴 때가 있다. 겉으로 들어 내지 않아도 속에서는 짜증이 들끓으니 교양을 갖춘 인격자가 되긴 다 틀렸다. 나도 표리부동한 W와 다를 게 하나도 없구나 싶다.

죽는 날까지 솔직하고 순수한 인간으로 건강하게 살다 가려면 교양 찾으며 내숭 떨지 말고, 더러는 짜증도 내야 하지 않을까!

별난 취미

벚꽃이 눈부신 4월, 꽃길을 걷는다. 꽃바람이 상큼하다. 내 앞에 연인인지 부부인지 손을 잡고 걸어간다. 뒤에서 그들을 보며 걸으니 의기소침해 진다. 홀로 걷고 있다는 자괴감 때문이다. 앞서가면 되겠지만 용기가 나지 않아 가던 길을 접고 돌아섰다.

화창한 봄날 수많은 꽃들이 재잘거리면 뭣하나. 나는 홀로인 걸! 홀로 걷는 꽃길이 너무 외로워 가슴시리고 눈시울이 젖어오는 걸! 이런 나에게 지인이 말했다.

'외롭거든 친구들을 만나 수다를 떨라. 밖으로 나돌라. 영화도 보고, 쇼핑도 하고, 맛있는 것도 사먹고, 여행도 해라. 그래도 외롭거

든 연애를 해라.'

모두 듣기 좋은 말이다. 하지만 늙은 나이에 연애는 어렵겠다. 또 마음도 안 통하는 친구들과 의미 없는 수다를 떨다보면 더 허탈할 것 같다. 그래서 공원 산책을 하고, 대중교통을 이용해 돌아다니고, 영화도 보고, 맛있는 음식을 사먹으러 음식점에 들어섰더니 그 역시 혼자여서 초라하고 비참한 느낌이 든다.

백화점이나 대형마트에서 쇼핑을 할 때는 잠시 외로운 생각이 사라진다. 하지만 쇼핑물을 안고 빈집에 들어서자 외로움이 잽싸게 달려들어 다시 우울해지고 삶의 의욕마저 깨진다. 모든 게 무의미하다는 생각뿐이다.

여행? 그것도 혼자 하면 외롭다. 연애? 사랑? 그것 역시 영원하지 않고 변질되는 것이라 끝나거나 돌아서면 상처, 아픔, 외로움, 슬픔, 미움, 그리움들이 끈끈하게 달라붙는다.

'무시로' 란 노랫말 중 '이별보다 더 아픈 게 외로움'이란 말이 있다. 외로움은 날마다 담배 15개비를 피는 것 같은 심각성이 있고 사회문제로까지 대두되어 영국에서는 '외로움 전담 장관'까지 임명했다고 한다.

나한테서도 가장 떨치기 힘든 골칫거리가 외로움이다. 진드기처럼 달라붙어 갉아대는 외로움 때문에 요절할 것 같다. 친구와 어울리면 될 것 아닌가. 친구? 친구라고 다 친구가 아니다. 내 몸처럼 서로 아끼고 속마음까지 주고받는 친구라야 친구다. 그런 친구가 있어도 나이 들면 죽거나 변심해 떠난다. 다행히 한 친구가 남아있어 내 외로움을 덜어줄 것 같아 '나 지금 너무 외로워 죽을 것 같다. 어쩌지?' 했더니 그 친구 망설임 없이 '갑자기 왜 그래? 넌 혼자서도 잘 살아왔잖아.' 했다. 위로받기는커녕 비정한 말투가 섭섭했다. 믿고 의지할 친구가 한 명도 없다고 느껴졌다. 그 후, 나는 사람을 멀리 하기 시작했다. 아무리 서럽고 외로워도 티 내지 않고 가슴속 깊이 묻어두기로 했다. 그러자니 속이 아렸다. 할 짓이 아니었다. 백세인생이라는데 얼른 죽지도 않고 날마다 외로움에 시달린다면? 맙소사! 나는 외로움을 떨쳐버릴 방법을 생각하기 시작했다.

누가 그랬다. '고통스러우면 더 큰 고통 속에 빠져라. 그러면 고통에서 벗어나려고 발버둥 친다.' 이 말은 내가 더 극심한 외로움에 빠져야 외로움을 극복한다는 말로 해석된다. 하여 나는 더 외로워지기 위해 은둔의 길을 택하기로 했다.

찾아간 은둔처는 사람 발길이 차단된 조용한 곳이었다. 새소리, 바람소리, 나무들의 흔들림, 풀꽃들의 미소만 보고 들을 수 있는, 더 이상 외로울 수 없는 곳에 홀로 선 것이다. 홀로 있으니 마음은 편하다. 그렇다고 외로움이 없어진 건 아니다. 외로움을 떨치려고 이 책 저 책을 뒤적이다 법정스님의 '홀로 사는 즐거움'이란 글을 접했다. 왠지 외로움 퇴치 방법을 습득할 것 같은 예감이 들었다.

책머리에 법정스님의 취미라는 글이 실려 있었다. '인내'가 취미란다. 별난 취미다. 아마 법정스님도 홀로 사는 게 고통스러웠나 보다. 그 고통을 인내로 극복하여 홀로 사는 즐거움을 터득했나 보다. 그렇다면 나도 별난 취미 하나 가져볼까?

'외로움 퇴치'로.

솔직히 은둔의 삶은 적막하고 지루하다. 그렇더라도 인간 틈에서 상처받고 외로웠던 나는 되도록 인간을 멀리하고 자연과 동거 동락한다.

산을 오르내리며 산나물을 뜯고, 산새, 나무, 흐르는 구름과 이야기를 나눈다. 쉴 새 없는 자연과의 교감을 통해 나를 본다. 존재감도 살아난다. 그래도 틈이 나면 노래하고, 피리 불고, 글 쓰고, 그림 그리고, 요리를 하는 등 쉴 새 없이 움직인다. 내 안의 재능 DNA 일체를 끄집어내 활동시킨다. 그러다보니 외로움을 느낄 여유 없이 하루가 지난다. '외로움 퇴치'의 성공이 눈앞에 다가온 셈이다.

나는 은둔처 밖으로 나와 노을 진 능선을 향해 소리친다. '외로움이여 떠나라. 이별의 아픔, 슬픔, 그리움 영원히 떠나라!'

속이 후련하다. 이제 나의 취미는 '외로움 퇴치'라 해도 될 것 같다. 법정스님처럼 별난 취미 하나 가진 셈이다.

어느 명화의 배경 색상

눈이 하얗게 쌓인 산길을 걷던 친구들이 설경을 배경으로 사진을 찍는다.

"참 멋있다. 명화가 따로 없네." 찍힌 사진들을 보며 감탄사 연발이다. 명화의 주인공이라도 된 기분인가 보다.

문득 명화 몇 점이 떠오른다. 고흐의 「별이 빛나는 밤에」, 「석양과 씨를 뿌리는 사람」, 고갱의 「타이티의 여인들」, 모딜리아니의 「젊은 여인의 얼굴」, 모네의 「꿈꾸는 푸른 숲」, 뭉크의 「절규」 등이다.

이들 그림에 스케치 된 인물, 나무, 산, 태양, 꽃 같은 것 대부분이 울툭불툭 못생기고, 쭈그러지고, 뒤틀리고, 산발적이거나 시들어 늘어지는 등 비대칭 내지는 비정상 형체를 하고 있다. 그런데도 명화라고들 하니까 내색은 못하고 속으로만 '왜 명화라고들 하지?' 의아해하며 스쳐 버렸다. 그랬던 그림들이 세월이 한참 지난 지금 선명히 떠오르는 것이다. 특히 배경으로 펼쳐진 진남색 바다와 하늘, 노란 태양빛과 밀밭, 석양을 반사한 오색찬란한 구름 조각들, 샛노란 땅바닥에 앉은 여인들, 역광 받은 검은 형체, 어둠 속의 창백한 얼굴 등 주체 그림과 채도가 상반된 배경 색상이 그림 속 주체들과 함께 확연히 떠오르는 것이다. 배경 색상 때문일까? 하여 인터넷 검색으로 다시 보게 된 명화들. 비정상이다 싶던 그림들이 답답했던 마음을 시원하게 하고 활력과 강인함을 솟게 한다. 뼛속까지 파고들며 환상적 감성을 자극하기도 하고, 우그러지거나 우중충한 물체, 원시적인 인물 등에서 나름대로의 특유함, 순수함, 순박함이 느껴진다. 이처럼 주체를 돋보이게 하는 배경 색상이어라.

밝은 낮에는 안 보이던 별이 밤하늘을 배경으로 밝게 빛나며, 밤에는 안 보이던 물체가 밝은 낮에 훤히 드러나는 것처럼, 명화라는 그림에는 주체를 돋보이게 하는 원색적 배경 색상이 존재하고 있음을 새삼 발견한다.

인간들 모습도 명화에 견주어 볼 만하다.

명화와 명인(성인) 중, 명화를 만드는데 배경 색상이 일조를 하였다면, 명인을 만든 배경으로는 그가 펼친 행동을 떠올리고 싶다. 그렇다면 명인은 과연 어떤 행동을 배경으로 펼쳤을까? 자신의 빛(힘, 실력)으로 빛(힘)없는 사람들을 돋보이게 하는 행동을 우선적으로 펼쳤을 것이다. 그래서 사람들로부터 찬사와 존경과 우러름을 받게 되었을 것이다.

눈을 감아도 환히 떠오르는 명화의 배경 색상처럼 말이다.

전원주택 소고(小考)

‘전원주택을 갖고 싶니? 물론이지. 하지만 큰 주택은 바랄 수 없고 바다가 보이는 언덕 위에 초가삼간이라도 있으면 좋겠다. 바다가 보이는 언덕의 초가삼간이면 꽤 운치 있는 별장이 되겠네. 그런 별장 갖은 사람 있으면 얼른 따라 갈 거야. 하하하.’

전원주택을 갖고 싶은 마음을 친구와 농담 섞어 주거니 받거니 한 내용이다. 경제 여건상 고급스런 별장은 바랄 수 없으나 경관이 좋고 한적한 곳에 작은 땅덩이가 있다면 예쁜 집 하나 지어놓고 살아봤으면 좋겠다. 날마다 뿌연 먼지를 마시면서 복잡하고 답답한 회색빛 도심에서 사는 것보다, 초록 숲 맑은 공기 마시며 시냇물

소리 새소리를 듣고, 푸른 바다와 파란 하늘까지 볼 수 있다면 얼마나 좋겠는가. 그런 곳에서 서정을 누리며 안락한 생활을 하고 싶다. 이처럼 전원주택을 갖고 싶은 꿈을 품고 살아가던 어느 날, 양평에 전원주택을 지었다는 선배의 초대를 받았다. 나는 기꺼이 수락하고 길을 떠났다.

경치 좋기로 이름난 양수리, 서종면 물길을 끼고 가평 쪽으로 가는 북한강변 길이 좋았다. 길옆 산자락에는 연예인들과 유명인사들이 지었다는 각양각색의 예쁜 전원주택들이 스위스 경관 뺨치게 아름다운 모습으로 늘어서 있었다. '나는 왜 저런 집 하나 못 짓고 살까.' 부러움과 허전함을 느끼며 한참을 더 가는데 우뚝 선 고동산이 앞을 막았다. 나는 더 이상 전진하지 않고 우측으로 핸들을 돌려 산기슭을 휘돌아 만든 길로 들어섰다. 산 중턱쯤 오르자 이천평이 넘는다는 산비탈 땅을 평평하게 다진 위에 고급스럽게 지어진 선배의 전원주택이 서 있었다. 잔디가 깔린 넓은 정원에서 연초록 나무들과 예쁜 꽃들이 향기를 날리고, 우아한 선배는 함박꽃 같은 웃음으로 나를 맞았다.

산 아래 강물까지 훤히 내려다보이는 정원에서 두 팔을 활짝 벌렸다. 풋풋한 바람이 달려들어 찌든 폐를 부풀리며 맑고 시원하게 씻어주었다. 건너편에는 강물에 그림자를 드리고 서 있는 산 겹겹이로 엷은 구름과 아련한 물안개가 너울처럼 흘렀다. 그 경관에 흠

뼉 취한 나는 한 폭의 멋진 산수화 속 신선이 된 것도 같고 꿈을 꾸고 있는 것도 같았다.

'와아, 참 좋다!'

감탄하는 나를 보고 통 크고 후덕하기로 이름 난 선배가 조심스럽게 말했다.

"땅 한 쪽 떼어줄 테니 예쁜 집 한 채 지어 놓고 나랑 벗하며 살아볼래?"

맘에 착 붙는 말이었다. 하지만 아무리 친한 선배의 땅이라도 공짜로 받을 수는 없다. 빈곤한 행색을 들어내는 것 같아서다. 그래서

"아, 좋지요. 그런데 아직은 좀…." 하고 얼버무렸다.

얼마 후 나는 넓은 들판이 바다처럼 내려다보이는 먼 시골 산비탈 땅을 싸게 구입하여 돌 축대를 운치 있게 쌓고 다듬은 후, 동화 속에 나오는 것 같은 작고 예쁜 통나무집을 지었다. 돌 틈 사이사이에 갖가지 야생초를 심고, 집 둘레에 과일 나무를 심었다. 텃밭도 만들었다. '이삼 년 후엔 과일이 주렁주렁 열리고 꽃들이 흐드러지게 필거야.'라며 기쁨을 감추지 못하고 싱글벙글 자랑도 했다. 거기까지가 참 좋았다. 그 후가 문제였다.

정신없이 자라는 잡초를 하루도 쉬지 않고 뽑아야 했다. 집안, 유리창 등 청소하기 무섭게 온갖 벌레와 곤충들이 날아들어 더럽혔다. 비가 오면 축대가 무너지고 없던 물길도 생겨서 흙을 사다 메

우기 바빴다. 겨울이면 보일러가 터지고 눈이 쌓이면 길과 차가 얼어서 나다닐 수가 없었다. 매서운 바람이 윙윙 우는 찬바람 속에 갇혀 사람 왕래도 끊긴 겨울을 보내고 나면 또다시 넝마 같은 옷과 헌 벙거지를 걸치고 뜨거운 햇볕에 검게 그을리며 땅에 엎드려 잡초를 뽑고 집을 다듬어야 했다. 그러느라 친구들과 어울려 좋아하는 여행도 못가고 외식도 못했다. 이게 무슨 멋진 삶인가. 전원주택에 얽매인 땅거지 같은 노예 생활이지!

누가 말했나? '골칫덩어리 두 가지 중 첫 번째가 세컨드(첩)고 두 번째가 세컨하우스(전원주택)라고.' 맞는 말이었다. 낭만과 행복의 보금자리로 알고 갈망했던 전원주택은 골칫덩어리였다.

"내가 살아봐도 되겠니?" 묻는 오빠에게 선뜻 내드린 내 작은 전원주택은 오빠에게도 골칫덩어리가 되어 이 년 후 남에게 넘겨버렸다. 근심 걱정이 다 날아간 듯 홀가분했다. 선배도 같은 행로를 걸었나 보다. 멋진 양평의 전원주택을 팔아버렸단다. 나처럼 속이 후련하다고 했다.

다시는 골칫거리인 전원주택을 갖지 않으리라 다짐한다. 전원주택은 멀리서 볼 때가 아름다운 것이란 걸 알았기 때문이다.

오지랖의 수모

카톡에 '당신의 수명을 알아보세요.' 란 동영상이 떴다. 장난삼아 찍어보니 내 수명은 82세란다. 살날이 몇 년 안 남은 거다. 가슴이 덜컥했다. 어쩌지? 100세 시대라 오래 살 줄 알고 어영부영 정리 못한 일들이 많은데…. 버릴 건 빨리 버리고, 써놓은 글 발간하고, 그림도 좀 더 그려 개인전도 열어야 하고…. 벌려놓은 일 얼른 마무리 지어야겠다는 생각에 마음이 다급해졌다. 무엇부터 마무리 질까? 하다가 '신세진 것부터 갚자' 쪽으로 우선순위를 정했다.

나는 부리나케 경조사 때 받은 기부금 장부를 꺼내놓고 아직 못 갚은 친구들을 체크했다. 100여 명이 넘었다. 어떤 방법으로 갚지?

내가 먼저 죽으면 못 갚을 텐데…. 궁리 끝에 '애경사 때 봉투 들고 달려갈게 아니라 살았을 때 갈비탕 한 그릇이라도 대접하는 게 좋겠다. 당장 시행하자.' 결론을 내렸다.

나는 남녀구분 없이 연락이 끊긴 친구들과 병중이거나 이미 애경사를 치른 친구들까지 찾아 문안하고, 조촐한 선물도 구입 배송했다. 쓸쓸히 지내는 친구들도 불러내 식사대접도 했다. 이런 일을 계속하는 나를 보고 한 친구가 '오지랖도 특별나다' 했다. 이쯤에서 내 오지랖은 끝났어야 했다. 그러나 의외로 내 오지랖을 고마워하는 친구들이 많았고 친분도 두터워져 기분이 상승했다. 따라서 오지랖도 상승하여 어쩌다 오지랖을 못 편 날은 헛살았구나 싶고 허전했다. 그런 내 오지랖에 동티가 났다.

어느 날, 같은 서클이었던 남자친구의 생일이 카톡에 떴다. 그때 나는 선교지인 먼 오지에 가있던 중이라 한동안 오지랖을 못 펴고 지냈다. 그런 때에 비록 남자지만 친구생일이 카톡에 떴으니 내 오지랖이 가만히 있겠는가. 더구나 내 아들 혼사 때 축의금도 보내준 친구인데.

'잘 됐다. 신세는 이럴 때 갚자. 남녀구분 않을 나이에 무슨 일 있겠나. 다른 남자친구들한테 보냈을 때도 고맙다는 말을 들었는데, 이 친구부부도 엘리트라 들었으니 이해 의식 수준이 높겠지!' 하며 이름을 밝히기 곤란한 지역에 있던 나는 이름 대신 서클 이름과 전화번호를 구입처에 문자로 알려준 후, 친구 가족이 오순도순 맛볼 수 있겠다 싶은 과자 한 상자를 배송 의뢰했다. 그렇게, 먼 곳에 있으면서도 작지만 즐겁게 축하의 뜻을 담아 보낸 생일선물인데….

다음날, 아내와 설왕설래하다가 배송처로 반송처리 했다는 친구의 문자를 받았다. 황당했다. 뒤이어 친구 아내로부터 '왜 이름을 감추고 은밀한 관계를 시도하느냐?'는 격앙된 문자도 받았다.

이게 무슨 당찮은 소리인가! 죽기 전에 신세 좀 갚자고 보낸 건데. 내 한 몸도 가누기 힘든 나이에 무슨 놈의 은밀한 관계? 그럴 거면 전화번호를 알렸겠는가! 사람을 뭘로 보고…. 카톡에 생일은 왜 떠가지고…. 속이 부글부글 끓었다. 하지만 어쩌랴. 오지랖 때문에 당한 수모인걸!

숨 돌릴 틈도 없이 친구아내의 긴 문자가 떴다. xx문제로 일 년 전부터 정신적 어려움에 처해 있다는 상세한 내용이었다. 다 털어놓고 마음이 좀 풀렸(?)는지! 미안(?)했던지! 말미에 '기억에 좋은 분으로 남아있으니 잘 지내세요.'란 문자를 덧붙였다. 맥 빠진 내가 할 수 있는 건 친구부부의 화목을 기도하는 것뿐이다. 이것도 오지랖일까?

주변에 나보다 더 오지랖이 넓은 친구가 있다. 반평생을 남녀불문하고 친구, 친척, 교인들 일, 동네방네 일 가리지 않고 오지랖을 펴는 그 친구를 사람들이 칭송하고 존경했다. 그러나 오지랖이 장기간 이어지자 '자기과시, 자기만족. 어깨에 힘 싣고 군림하기….' 등 뒷말이 나돌았다.

또 한 친구는 때와 장소 안 가리고 나눠주는 오지랖을 편다. 받은 사람들은 앞에서는 고맙다 하고 돌아서서 시큰둥이다.

좋은 의미의 오지랖도 장기간 이어지거나, 때와 장소 구분 없이 아무에게나 남발하다간 '진정성, 존경심, 품격'도 깎이고 '푼수, 허술한 자아포장, 과잉행위' 등 오해의 소지도 남기니 상쾌한 일이 아니다.

전에 교회에서 어느 권사가 싸움을 말리다가 '웬 참견이냐?'고 떠밀려 자빠지는 일이 있었다. 또 그림 동호인이 동료들 그림에 오지랖을 폈다가 가해자로 수모를 당했고, 산책길에선 중년여인이 장애인에게 동정투의 말을 건네다 자존심을 건드려 수모를 당하는 걸 보았다. 좋은 의미로 편 오지랖도 상대방이 원치 않으면 가해 행위가 된다는 증거다.

정신이 번쩍 든 나는 습관처럼 열리려는 오지랖을 단단히 조여 맨다. 또 지각없이 오지랖을 펴다가 어떤 수모를 당할지!

얼마 안 남은 수명 제대로 마무리도 못 지고 혈압 터져 지레 죽을 수 있으니, 자중할 일이다.

내가 기뻐해야 할 이유

나이 탓일까? 얼마 전부터 보이는 모든 것들이 부럽다.

손잡고 걷는 연인들, 혈기 왕성한 젊은이들, 한 상에 둘러앉아 식사하는 가족들, 짝지어 날아다니는 새들. 친교를 나누는 교인들…. 모두 부럽고 행복해 보인다. 그 모습들에 치인 나는 기가 죽고 슬프다. 마음이 어두워진다.

사람들은 날 보고 유머가 풍부하고 즐겁고 쾌활한 사람, 가까이 하기 편한 사람이라 했다. 화통하고 융통성도 있다고 했다. 그 말을 당연히 여긴 나는 그런 사람인 듯 살아왔다. 하지만 겉모습과 달리 원래의 나는 지극히 소심하고 상당히 예민하고 내성적인 사람이다. 그런 내가 살아오면서 힘겨운 일들을 많이 겪게 된 후 어떤 일이든 척척 처리하는 능력이 생겼다. 매사 자신감 넘치고 어떤 일을 만나도 막힘이 없게 되었다. 부러울 것도, 어깨가 처질 이유도 없었다. 항상 활기와 밝은 기운이 넘쳐 내가 있는 곳은 어느 곳이나 웃음 가득한 천국이며 화창한 봄날 같았다. 그랬던 내가 왜 지금 서리 맞은 코스모스 꼴로 축 처져있는가.

어린아이를 대상으로 '안톤 슈낙'은 '울음 우는 아이들은 우리를 슬프게 한다.' 했고 '도종환'은 '아기의 웃는 얼굴은 우리를 기쁘게 한다.'고 했다. 전자는 슬픈 면을 보았고, 후자는 기쁜 면을 본 것이다. 기왕이면 기쁜 면을 본 후자 쪽이 좋지 않을까. 그래야 어둔 마음을 툭툭 털어버릴 수 있지 않을까 하여 후자의 생육사를 살펴보기까지 했다. 그랬음에도 내 안에 도사리고 있는 어두움은 털어지지 않았다. 왜? 무엇 때문에? 인간에게 받은 상처 때문에?

이 년 전 일이다. 친척처럼 여겼던 교인과, 남달리 우정이 돈독했던 친구가 있었는데 어느 순간 그들로부터 예상 못했던 깊은 상처를 받았다. 그 상처는 대단히 크고 아팠다. 순식간에 나에게서 밝음과 즐거움을 앗아가 버렸다. 결국 반평생 몸담았던 교회를 떠나게 되었고, 절친한 친구와의 우정과 신뢰도 깨어져 버렸다. 얼마나 충격이 컸던지 꿈에서까지 마음이 아파 아무 일도 할 수 없게 되었다. 오로지 '어떻게 나에게 이럴 수가? 아, 섭섭해, 분해. 억울해, 나를 배신하다니, 무시하다니'란 말만 되뇌이며 머리와 가슴을 쥐어뜯었다. 그로 인해 나는 비하당하고, 젖혀지고, 존재 가치가 상실된 자로, 다시 말해 인간 대열에 합류할 수 없는 존재란 생각에 우울했고 심장이 떨렸다.

젊은 시절에도 흡사한 류의 상처를 받은 일이 있다. 지금보다 더 생사를 넘나들 만큼 아팠던 상처였다. 그 상처가 지워지지 않는 흠집으로 내 안에 도사리고 있다가 근래에 받은 상처와 합류해 머리를 들고 아우성친다.

'봐라, 너는 인간을 너무 믿다가 당하기만 하는 얼간이다. 모두 너를 무시하고 떠났잖아. 그런데도 즐거운 척 히히거리는 너는 겉만 멀쩡한 척, 밝은 척 하는 위선자다. 멍청이다.'

나는 귀를 막으며 '아냐, 아냐. 나는 위선자도 아니고 멍청이도 아니야.' 속으로 부르짖었다.

지금, 상처로 얼룩진 내 마음을 쓸어주러 온 듯 거센 바람이 창문을 두드린다. 나는 창문을 활짝 연다. 바람소리와 함께 한 목소리가 귓가를 스친다.

'사랑하는 딸아, 네 곁에는 항상 내가 있단다. 돌아보렴. 네게는 남들이 부러워 할 것들이 얼마나 많은지. 그러니까 남들 모습 부러워 말고, 활짝 어깨를 펴고 항상 기뻐하며 살아라.'

이 말은 상처로 들쑤시던 내 마음을 고요와 명상 속으로 젖어들게 했다.

부러움은 욕심이고 외로움은 마음의 사치다. 슬픔은 영육을 죽이는 병마다. 지금의 나는 남들을 부러워 할 이유가 없다. 단지 홀로 됐다는 것, 그로 인해 파생된 외로움이 영육을 어둠 속으로 몰아넣은 꼴이다. 어차피 인간은 홀로인 것, 내가 홀로 서는 훈련을 미리 받는 거라 생각하면 외로울 것도 슬플 것도 없다. 어깨를 펴고 전의 밝은 모습으로 돌아가자. 나를 사랑하는 분이 항상 내 곁에 계시겠다니 얼마나 기쁜가. 어두운 마음 툭툭 털고 기쁨으로 휘감자.

기쁨에 찬 내 모습을 보면 그분도 기뻐할 테니까.

조금만 더 기다려주세요

"사랑하는 딸아, 내 딸답게 살다 오너라."

반세기 그 이전에 하나님이 나를 세상에 내려 보내시며 하신 말씀이렷다.

근데 나는 죽을 나이가 코앞에 닥친 지금까지도 아담과 이브의 모습으로 헤죽거린다.

"쯔쯔. 널 어찌하면 좋냐? 그러다 영원히 내 곁에 못 온다."

나를 내려다보시며 하나님이 어두운 얼굴로 조바심치신다.

나도 슬슬 걱정이 된다. 지금 이대로 숨이 꼴깍 넘어가면 천국 문 근처에도 못 가고 공중분해 될 확률이 크기 때문이다. 그럼 나는 죽은 후 누구 손을 잡고 부활하지?

몇 년 전이다.

천국에 간 남편이 벌레 씹은 것 같은 얼굴로 꿈속에 찾아와 이렇게 말했다.

“여보, 내 몸을 모두 잘 챙겨 보내주었는데 왜 오른손은 안 챙겨 보냈소?”

“아니 무슨 말씀이어요? 털 오라기 하나 안 남기고 다 태워 보냈는데요.”

나를 쳐다보던 남편은 무안당한 것 같은 얼굴로 사라졌다. 황당한 꿈이었다. 대체 이게 무슨 꿈일까? 생각하다가 천국 창고에는 몸통 전체가 아니라 좋은 일을 한 몸의 일부분만 모셔져 있더란 말이 떠올랐다.

‘아하, 남편 오른손이 살아생전 아내 좋은 일은 안 하고 틈만 나면 자기 좋은 고스톱만 치다 갔으니 하나님께 호되게 꾸중을 들은 게야! 천국 문 통과검열에 ‘불 패스’ 당한 게야! 흐흐흐 고소해라.’

근데 몇 년이 지난 지금 그 손, 용서 받았을까? 주님과 함께 그 손 부활할 수 있을까?

지금 산야 가득 산수유, 벚꽃, 진달래, 목련꽃눈. 잎눈이 호호호 피어난다. 시들어 떨어진지 일 년 만의 부활이다. 눈이 부시다. 햇살도 반기고 산새들도 쪼로롱, 쪼로롱 축가를 부른다. 하나님도 부활절을 기리시며 기분 좋게 내려다보신다. 그런데 야단났다.

내 몸을 체크해 보니 입, 눈, 귀, 다리 어느 한 곳도 주님 따라 부활할 곳이 없으니 말이다. 억지로 한 군데 고르라면 불우한 이웃을 향해 조금씩 내미는 손뿐이랄까? 그 외 몸통은 어찌하나? 맘보는 어찌하나?

"주님, 안돼요. 지금은 저를 데려갈 생각 마세요. 아직 주님 따라 부활할 준비가 안 돼 있거든요. 그러니까 조금만 더 기다려 주세요."

나는 다급히 호미를 들고 뒷산으로 뛰어 올라갔다. 예쁜 야생초들을 채취하여 삭막한 아파트 화단에 부지런히 옮겨심기 위해서다. 아파트 화단에 야생화가 만발하면 이웃들이 보고 "와~ 너무 예쁘다." 탄성을 지를 것이다. 그 모습을 보면 내 피폐한 영과 육도 예쁘게 피어나지 않을까. 그 모습 하나님이 보시고

'좋구나! 역시 너는 내 딸답다. 이제 와도 된다!' 하실 테지. 그러면 그 때, 웃음 가득 띤 얼굴로 천국을 향해 달려갈 것이다.

3부

내 가슴속 바람개비

비를 맞고도 가고 있었다

15년간 동거 동락한 손목시계가 없어졌다. 며느리에게 예물로 받은 것이라 외출 때 외에는 책상 모서리에 소중히 보관했었는데…, 며느리가 알면 얼마나 섭섭해 할까?

책갈피, 주머니, 핸드백 속, 화장대 서랍, 화장실, 신발장, 이불 속 등 샅샅이 뒤져 보았지만 없다. 대체 어디에 둔걸까? 막막해 하고 있는데 '저녁 드셨냐?' 는 큰아들의 저녁문안 전화를 받았다. '시계 찾느라 저녁 먹는 것도 잊었다'고 했더니 냉장고 속에 두신 것 아니냐며 웃다가 치매노인 취급한 것 같아 미안했던지 한마디를 곁들였다.

"요즘 손목시계 차고 다니는 사람 드물어요. 스마트 폰에서 시간 알려 주니까 잃은 셈 치고 저녁 챙겨 드세요."

위로의 말이고 맞는 말인데도 나는 속이 탄다. 놓친 정신 때문에 속도 상하고 분신이 떨어져 나간 듯 허탈하여 밤늦도록 시계 찾는 일을 멈추지 않았다. 그랬어도 끝내 찾지 못했다. 언제 어디서 잃은 걸까?

어제 일이다.

외출에서 귀가한 오후였다. 연두 빛깔 봄의 정취에 끌려 마을 뒷산 숲속을 기웃거렸다. 홑잎 나물과 쑥이 여린 얼굴로 반겼다. 애써 가꾸지 않고도 얻게 된 무공해 봄나물이다. 나는 산새소리를 들으며 나물 뜯는 산골처녀 기분으로 먹을 만큼 뜯은 후 산에서 내려왔다.

아무래도 손목시계는 그때 잃은 것 같다. 그런데 그때 시계를 차고 나갔는지 안 차고 나갔는지 기억이 흐릿하다. 만약 차고 나갔다면 쑥 뜯던 곳에 있을 것이다. 그런데 왜 손목에 찬 시계를 잃었을까? 줄이 헐거워 벗겨졌나? 이런 저런 생각으로 뒹싯대다 잠이 들었다.

빗소리에 잠을 깨보니 아침 6시였다. 불현듯 잃어버린 손목시계 생각이 났다. 비를 맞으며 숲속에서 울고 있을 것만 같았다.

나는 벌떡 일어나 우산을 쓰고 긴 막대기를 지팡이 삼아 숲속을 향했다. 어제 쑥을 뜯던 곳을 찾아가 긴 막대기로 이리저리 비에 젖은 풀숲을 헤쳤다. 순간 반짝이는 것이 보였다.

"아, 있다. 손목시계, 나의 분신!"

이산가족을 만난 듯 덥석 움켜쥐는 손길이 떨렸다. 너무 반가워 눈물도 났다. 시계는 빗물에 흠뻑 젖어 있었다. 나는 시계의 물기를 옷소매로 닦아 준 후 볼에 대었다.

"재깍 재깍 재깍…."

흙탕물에 전신이 젖었어도 내 손목시계는 귀여운 소리를 내면서 제 갈 길을 잘도 가고 있었다. 내가 밤새 끌탕을 하고 있던 것이 무색할 정도였다.

'비를 맞고도 잘 가고 있는 것을!'

나이 든 세대들은 걱정거리가 많다. 자식 걱정, 조석 찬거리 걱정, 가족들 건강 걱정, 이데올로기로 제2의 6·25가 발발할 것 같은 걱정, 경제가 하락하고 빚이 쌓여가는 나라인데도 당리당략에만 몰두하는 정치인들이 나라를 몰락시킬 것 같은 걱정, 그 속에서 젊은 아이들이 고생하고 살까 봐 걱정…. 아무 여력도 없으면서, 걱정한다고 풀릴 일이 아닌데도 늘 걱정을 지니고 산다.

밤새도록 잠을 설치며 걱정을 했어도 작은 몸뚱이의 손목시계는 비를 맞으면서도 끄떡 없이 잘 가고 있는데 말이다.

나이 든 세대들의 걱정을 오히려 젊은이들이 걱정을 한다. 잔소리로 안다. 잘 돌아가는 세상사에 쐐기를 박는 브레이크로 여긴다.

나의 걱정은 세상사에 아무런 효과를 주지 못한다. 자극제도 못된다. 나도 젊었을 때 나이 든 사람들 말을 귀담아 듣지 않았지 않은가. 그런데도 멀쩡하게 이날까지 잘 살아오지 않았는가.

우리나라는 참 좋은 나라다. 요즘 젊은 아이들이 얼마나 똑똑한가. 기저귀 찬 어린애들도 기가 막히게 똑똑하다. 그러니 늙은 내가 걱정을 하지 않아도 잘 돌아갈 것이라 믿자.

"엄마 시계 찾았다. 빗속에서도 잘 가고 있더구나."

"그러니까, 앞으로 또 잊어버린대도 찾지 마시고 어머니 건강이나 잘 챙기세요. 자식들 걱정도 하지 마시고요. 하하하…."

아들의 호쾌한 웃음소리와 손목시계의 재깍거림이 힘없는 나에게 활력을 불어주고 있다. 비를 맞고도 잘 가고 있는 시계처럼 이 나라도, 젊은 세대도 혼란과 어려움 속에서도 잘 가고 있을 것이라 믿어보자. 늙은이는 뒤에서 격려하며 묵묵히 기다려 주자.

흙탕물에 더러워져 돌아온 손목시계는 내 씻김을 받고 어제보다 더 반짝반짝 빛을 내며 째깍째깍 잘도 가고 있다. 걱정했던 게 무색하다.

내 가슴속 바람개비

꽃바람이 분다. 죽은 것 같던 나뭇가지도 흔들고 풍선도 날린다. 저러다 정지 상태인 내 가슴속 바람개비를 향해 달려올지도 모르겠다.

활짝 웃고 있던 벚꽃들이 파르르 떤다. 꽃바람과 맞닿은 게 분명하다. 바람은 윙윙 소리를 내며 꽃가지를 껴안고 흔든다. 꽃잎들이 까르르르 웃다가 공중 높이 흩날린다. 내 몸이 전율한다.

고요하다. 오늘도 꽃바람은 저쯤에서 끝나려나 보다. 바라보는 내 시선이 속절없다. 이제 어떤 바람도 나를 향해 달려올 거라 믿지 않는다. 그럼에도 나는 왜 내 가슴속 바람개비를 돌려줄 바람을 기다리는 걸까.

나는 가슴속 냉기를 떨치려고 아프리카 탄자니아로 떠났다. 그곳은 무더웠다. 따가운 햇살뿐, 아예 바람은 불지도 않았다. 물조차 귀했다. 내 가슴속 바람개비는 그곳에서도 돌려줄 바람을 만나지 못해 축 처져 갔다.

푸른 하늘을 따라 끝없이 펼쳐진 '아루샤'의 광야에서 나를 태우고 '가루토' 마을로 가는 승용차가 바람을 일으켰다. 그 바람에 죽은 듯 엎드려 있던 진흙가루가 시뻘겋게 날렸다. 바람을 얼마나 가슴 조이며 기다렸기에 요정도의 바람결로도 회오리치며 날아오를까! 비상하는 흙먼지의 생태가 부러웠다.

웬일일까? '가루토'에 도착했을 때, 먼발치에 검은 피부의 소년이 빨간 종이 바람개비를 들고 서 있었다. 무덥고 바람 한 점 없는 곳에서 왜 바람개비를 들고 서 있을까? 궁금하여 가까이 다가가니 근처 땅속에서 윙윙윙 모터소리가 요란하게 울려나왔다. 그 주변을 많은 사람들이 에워싸고 웅성거렸다. 그들 속에 검은 살색의 아이들이 바글거렸다. 그런데 빨간 종이 바람개비를 든 소년만 홀로 멀찍이 서서 웅성거리는 곳을 바라보고 있었다. 그러기를 한참이 지났을 때였다. 갑자기 "쏴아~~" 폭발음을 내며 물줄기가 하늘 높이 치솟았다. 물구멍이 뚫려 우물물이 나온 것이다. 햇살을 가르며 분무기처럼 퍼지는 물보라가 장관을 이뤘다.

모여 섰던 사람들의 입에서 "와아, 와아~~." 함성이 일고. 짝짝짝짝~~ 박수 소리가 요란했다. 그보다 힘차게 솟구치는 물바람 소리가 더 요란했다.

"야호!" 드디어 빨간 종이 바람개비를 든 소년의 손이 높이 들렸다. 땅을 뚫고 힘차게 솟은 물바람은 소년의 손에 들린 빨간 종이 바람개비에게까지 날아들었다. 그러자 소년의 바람개비가 팽팽팽팽 신나게 돌았다. 그 모습을 본 내 가슴속 바람개비가 멈칫멈칫 고개를 들었다. 물바람이라도 맞아볼 셈이었다. 그랬음에도 그 물바람은 내 가슴속 바람개비는 돌려주지 않았다.

문득 인덕원 길가 주유소 개업 때 마당 위에 바람개비들이 만국기처럼 매달려 팽글팽글 돌고 있던 모습이 떠올랐다. 색동꼬리까지 단 바람개비들이 꼬챙이에 서너 개씩 꿰인 채 공중에 매달려 돌고 있던 모습! 하지만 바람개비들은 쌩쌩 달리는 자동차 바람을 맞고 색동꼬리만 현란하게 흔들 뿐 몸은 꼼짝도 안했다. 중심에 쇠꼬챙이를 꿰고 있었기 때문이었다.

돌지 않는 내 가슴속 바람개비는 어떤 꼬챙이에 꿰어서 돌지를 않나? 돌려줄 바람을 기다리는 마음이 안타깝기만 하다.

허수아비의 춤

- 경기수필작품상 수상작

복닥거리는 차들, 사람들을 헤집고 '남궁 화백'의 초대전이 열리는 압구정동 골목 '갤러리 아미' 전시관엘 들어섰다. 개전시간보다 두 시간 여 앞당겨 들어선 지하 전시관 안은 을씨년스럽도록 깊은 정적이 흐른다.

벽에 걸린 이십여 점의 크고 작은 화폭들이 진한 감빛 조명을 받고 흠뻑 취해 있다. 그 화폭들은 모두 허수아비 그림뿐이어서 이색적 느낌을 자아내고 있다.

'왜 허수아비만 그렸을까? 허수아비를 통해 뭘 시사하려는 걸까?' 은근히 호기심이 일어 한 점 한 점 주의 깊게 살펴보기 시작했다.

산, 들, 하늘…. 한결같이 향토적 시골을 배경으로 화폭들 위에서, 각양각층의 인간 형태로 분장을 한 허수아비들이 나름대로의 의미를 발산하며 춤을 추고 있다. 누런 벼이삭 풍요로운 들판에 태평소(날라리)가락, 상쇠(꽹과리)장단에 어우러진 농부들과 그 틈에 끼어 풍년의 열락을 춤으로 풀어 제치는 듯한 장정 허수아비가 보인다. 낡아빠진 모자에 찢겨진 옷자락을 걸치긴 했으나 떡 벌어진 어깨로 보아 '풍년을 맞음이 어디 네놈들만의 공이냐?'며 당당한 태도로 조소짓는 듯하다. 어찌 보면 농부들과 동격 이상으로 동조 동락했고, 어두운 밤이나 험상궂은 날씨에도 혼자 벌판을 지키며 풍년을 조성한 공신인데 뒷전에 가려질 수야 있겠느냐면서 인간들의 겸손하지 못함을 조소하는 듯, 근래 인간계층의 내면을 풍자한 해학성이 엿보인다.

흰 머리 수건에 무명적삼 얌전히 받쳐 입은 촌부 차림의 소박한 허수아낙도 보인다. 수줍은 듯 고개 숙이고 부분 부분 봉긋이 피어오른 몸매를 유연하게 휘어 틀고 누구를 몹시 사모하는 듯 갈증을 느끼게 하는 허수처녀도 보인다. 올망졸망한 아이들과 화기애애하게 어울린 젊은 허수아비 부부도 보인다. 아름답던 젊음이 사위어감을 서글퍼하는 듯한 중년 허수여인의 애상적인 춤도 보인다. 그런가 하면 신사복은 그럴듯하게 차려 입었으나 어두운 색조 속에 몸을 감추고 시커멓고 음흉한 얼굴로 킬킬거리는 밀매꾼 같은 허수아비도 보인다. 또 모든 기억조차 아득한 허수노인의 빈 쭉정이만 남은 송장막대기 같은 춤까지도….

이토록 온갖 사람들을 묘사하여 다양하게 춤추는 허수아비들을 보는 동안 어느새 마지막 화폭 앞까지 이르러 시선이 머물렀다.

추수가 끝난 텅 빈 들판 같았다. 지평선만큼 멀찍이 앉아 있는 산자락을 거머쥐고 논두렁은 기도하듯 길게 엎드려 있다. 그 옆에 앙상한 미루나무 두 그루가 우두커니 서 있어 인생의 무상함을 엿보여 주듯 황량하기 그지없는 배경이 깔려 있다. 그 쓸쓸한 논두렁 위로 '송파 산대놀이'의 파계승 같은 허수아비가 허리 잘록 여미고 달아나는 허수어미의 뒤를 겁탈이라도 하려는 듯 꺼부정하게 팔을 벌리고 뒤쫓는다. 인생의 막바지에 이르러 후회와 못다 이룬 삶의 한풀이 춤을 추고 있는 것 같은 공허한 모습이다.

한 시간여 허수아비 그림들 속에 침몰돼 있던 전시장 안에 갑자기 스산한 바람이 이는 듯하다. 그 바람은 홀로 서 있는 나를 향해 슬쩍슬쩍 다가오더니 순식간에 회오리바람으로 변하여 어지럽게 난무한다. 그 회오리바람 속으로 하나, 둘, 셋… 아홉… 화폭 속의 허수아비들이 빙글빙글 돌면서 내려와 춤을 추기 시작한다. 너풀너풀, 덩실덩실, 비척비척…. 어느새 그들과 어울려 나도 춤을 춘다.

‖: 덩 덩 덩더러러러 덩 기덕 쿵덕 :‖

굿거리장단부터 시작하여 자진모리, 휘모리, 산조에 이르기까지.

허수아비는 한 다리에 몸을 모아 땅에 꽂고, 나는 두 다리에 몸을 모아 땅 위에 선 것 외에 지금은 아무것도 다른 게 없다. 다만 어떤 형태로 춤을 출 것인지 그것만이 나에게 주어진 시급한 명제이다.

어설퍼서도 안 되겠다. 볼썽사나워도 안 되겠다. 가면을 써도 안 되겠다. 지금 이대로의 나를 그대로 들어낸 진솔한 춤을 추어 볼까? 학처럼 고고하고 깨끗한 춤을 추어 볼까? 목화처럼 따뜻하고 순백한 춤을 추어 볼까….

허수아비는 파란 하늘아래 큰 팔 벌리고 서서 벼이삭들의 결실을 위해 바람과 더불어 열심히 새를 쫓는 춤이 제격이다. 보기도 좋다.

나는 지금 그런 모습을 기억하고 가슴에 새기며 춤을 춘다. 허수아비들 속에 섞여서.

보이지 않는 상처

눈 내리는 날 조심조심 걷던 나는 '어어!' 소릴 내며 뒤로 벌러덩 자빠졌다. 살얼음 깔린 보도블록 위에 뒤통수가 닿으며 쿵 소리가 났다. 뇌는? 팔목은? 일어나 살펴보니 다친 데 없이 말짱했다. 하늘이 도왔지 싶어 감사한 마음으로 외출을 마치고 저녁 늦게 귀가 했다. 그런데 이튿날 아침 일어나려니 목을 들 수 없이 아팠다. 오른쪽 갈비뼈도 욱신거렸다. 며칠 물리치료를 받았지만 얼른 낫지 않았다. 이웃사람들이 말했다. '속에 든 골병이 오래 간다.' 고.

속에 든 골병이라면? 마음의 상처도 포함되는 것 아닌가!

육신의 상처는 의술이나 약물로 치료가 쉽지만 마음의 상처는 대부분 상대방의 말과 행동에 찔린 거라 표면에 나타나지 않고 마음을 들쑤셔 더 아프고 더 오래 간다. 매우 까다롭고 예민하여 정신적으로도 손상을 주어 근본적 치료가 쉽지 않다. 어찌어찌 치료를 했어도 속에 맺힌 흔적은 지워지지 않는다.

나는 3년 전 마음에 큰 상처를 입었다. 참을 수 없이 아프고 슬픈데 약으로 치료할 수 없고 남에게 말해 봐야 시원할 것도 없어 속에 품고 아파한다.

부지불식간에 들쑤셔진 마음의 상처는 독소가 있어 마음속 깊이 어둠을 심어 놓았다. 자존감도 떨어뜨렸다. 환경이 바뀌고 처지가 달라지고 세월이 가도 치유가 안 된다. 여러모로 시도해 봐도 효과가 없다. 제 삼자의 위로와 충고로도 치유가 안 된다. 섣부른 위로와 충고는 오히려 상처를 더 준다.

동병상련의 아픔을 앓는 이와 속마음을 털어 봐도, 사심 없는 이와 담소해 봐도 대화 속에 작은 뼈라도 섞여 있으면 가라앉으려던 상처가 다시 고개를 든다. 은어나 우회기법 등의 치유 방법도 거부 반응을 일으킨다.

마음에 상처를 준 사람은 멀리 있는 사람이 아니고 가까운 가족이나 이웃, 친구들이다. 위치로나 성격으로나 약한 자가 상처를 받는다. 상처받은 자는 마음속에 분노, 미움, 섭섭함, 배신감, 단절 등이 싹터 들끓게 된다. 이런 것들은 대립과 갈등상태로 심화되어 승자도 패자도 없게 된다.

마음의 상처는 아무리 혼자 애써봐야 치유가 어렵다. 사람들 말처럼 세월이 약이 되려나? 어느 목사님 말처럼 스스로 고칠 수밖에 없는 것일까?

아직도 마음의 상처를 품고 홀로 앓고 있는 나는 몸의 내면 구석구석까지 저리고 아프다. 아무래도 상처를 준 사람의 관심과 사랑이 와 닿아야 치유가 될 모양이다. 그러나 상처 준 사람은 이런 내 마음을 모르고 있으니 내 맘속 상처는 언제 뽑힐까.

상처가 별이 되어

끝까지 좋은 점을 보여주는 인간관계라면 얼마나 멋지고 아름다울까!

살점까지 베어 주고 싶던 사람이 변심해 떠난 후 인생의 허망함을 느낀다. 잠 못 이루고 밤을 뒤척이다 동트는 새벽을 맞았다. 부스스 일어나 20분 거리의 공원을 향해 걷는다. 길옆 풀숲에서 풀벌레의 울음이 자지러진다. 뒤따라온 바람 한 줄기 옆구리를 스치고 지나간다. 이 새벽에 어디로 누굴 찾아가는 걸까? 모두 부질없는 짓이지 싶어 무아(無我)상태로 발걸음을 뗀다.

먼저 나온 사람들이 주먹 쥔 팔을 흔들며 공원 산책로를 빠른

걸음으로 걷고 있다.

나는 주변 경관을 보며 천천히 걷는다. 파란 잔디밭에 레드클로버 꽃 한 송이가 웃고 있다. 홀로인데도 산뜻하고 예쁘다. 운동모자를 눌러 쓴 아가씨가 졸랑졸랑 앞서가는 강아지 목줄을 잡고 걷는다. 그 모습이 낯설지 않다. 나도 누군가와 마음의 끈이라도 이어져 있다면, 이 아침 향방을 잃고 흐느적거리지 않을 것을! 길옆 배롱나무가지에 이름 모를 새 한 마리가 조용히 앉아 있다. 친구 새 한 마리 날아와 곁에 앉는다면 아름다운 노래를 부르지 않을까? 패배자 같다는 생각을 하며 스적스적 언덕진 꽃길을 오른다. 양옆에 오페라 빛 아스타꽃 무리가 흐드러진 웃음으로 맞는다. 같이 웃고 싶지만 지금은 웃을 기분이 아니다. 그런 나를 제치고 벌들이 바람 결타고 흔들리는 꽃에 집요하게 매달려 잉잉거린다. 나는 왜 저처럼 치열하게 살지 못할까? 왜 이 세상에 왔나? 답도 못 얻고 꽃길을 내려와 공원 끝에 있는 북 카페에 들어섰다.

책꽂이에서 명작 한 권을 꺼내 폈다. 아는 내용인데도 다시 읽으니 느낌이 새롭다.

시간이 꽤 흘렀다. 북 카페를 나와 화장실로 갔다. 들어서자 베토벤의 미뉴에트 피아노곡이 바람결을 탄 물결처럼 내 어깨 위에 내려앉는다. 어리둥절하는 찰라 경쾌한 리듬을 타고 훌쩍 날아올라 공중 서커스그네를 타듯 오르락내리락 한다. 그러다가 다시 내려와 내 어깨를 다독다독 두드리며 말한다. '인생살이도 이 곡처럼 흐른다. 상처, 허망, 슬픔, 앙금 따위 끌어안고 속 끓이지 말고 미뉴에트 선율처럼 가볍게 흘려보내라.' 그럴 수만 있다면…. 나는 생각에 잠겨 집으로 돌아왔다.

평소 초연한 삶을 살고 싶어 글을 쓰고 그림을 그리는 등 여러 가지 취미활동을 하지만 그래도 가슴에 앙금이 남아 답답하다. 불투명한 인간관계로 괴로워한 내 영혼이 너무 가여워 눈시울이 젖는다. 가슴도 떨려 자리를 차고 일어났다.

커피 한 잔 끓여서 들고 어둠이 내리는 창밖을 내다본다. 앞산 위에 둥근달이 둥실 떠 차분하고 안온한 빛을 내리고 있다. 나는 쇼팽의 소야곡(녹턴 9번)을 듣는다. 이루지 못한 사랑으로 빚어낸 애잔한 곡임에도 아름답고 달콤한 사랑이야기로 들린다. 하지만 못 이룬 사랑인 걸…. 내 이야기 같아 다시 슬퍼지는 내 영혼! 나는 소파에 힘없이 앉아 쇼팽의 소야곡보다 더 섬세하고 강렬한 느낌을 주는 베토벤의 월광곡을 떠올린다. 환상 속에 들려오는 월광곡은 영롱한 별이 되고 신비로운 달빛이 되어 나를 에워싼다. 감미롭고 고요함 속으로 끌고 간다.

'그래, 사랑의 아픔과 괴로움 다 잊고 초연해지자' 나는 눈을 감고 마음을 가다듬는다.

갑자기 월광곡이 비바람 치듯 빠르고 격정적인 템포로 변하여 천지를 뒤흔들 듯 휘몰아친다. 사랑의 미궁을 헤매는 내 영혼도 마구 두드려댄다. 그러다가 다시 아름답고 고요한 달빛을 타고 흘러내려 슬픈 내 영혼을 어루만진다. 가슴속에 맺혀 있던 응어리가 스르르 빠져나가는 듯 후련하다.

쇼팽의 소야곡도 베토벤의 월광곡도 불후의 명곡이 틀림없다. 이 곡들은 사랑의 상처가 만들어낸 별들 아닌가. 내 가슴에도 사랑의 상처가 있으니 이 상처로 아름다운 별 하나 띄워 보자.

너털웃음

첩첩산중에서 홀로 사는 자연인이 너털웃음을 웃고 있다. 여러 웃음 중 왜 하필 너털웃음을 웃을까?

나무뿌리, 야생열매, 풀, 날곡식을 주식으로 삼고, 개울물을 손으로 떠 마시며, 몸을 물속에 담근 채 너털웃음을 웃는다. 시련의 아픔과 좌절을 안고 맨손, 맨몸으로 찾아든 산속에서 10여 년간 걸러지고 털리며 남기고 간 지난날의 소산인가?

자연인이 보여주는 것은 첩첩산중에서 산짐승처럼 강인하게 사는 모습이다. 메커니즘에 길든 사람을 제압하는 맨손의 위력, 비문화권, 거친 환경을 홀로 맞서 거침없고 당당히 물리치는 배짱, 용기, 능력… 등등 내 입이 벌어진다.

그는 도시의 허약증, 경쟁, 위선, 모략, 표리부동한 처세를 비웃는다. 그런 도시의 잔여물들이 전날 그를 사경으로 몰아넣었던 액요인이라 했다.

홀로 깊은 산속에 들어와 야생인간이 되어 살면서 야생동물보다 나은 것이 있다면 손수 집 짓고, 농사 짓고, 채취하고, 맑은 영혼을 충족하는 것들이라 했다. 얽매임을 풀고 너덜너덜 찢긴 상처를 과감히 걷어내니 자유의 몸이 됐다며 거침없는 웃음을 호탕하게 날린다. 속칭 너털웃음이랄까!

내가 자연인 모습을 흉내내며 아침 산길을 걷는다. 소나무가지에 앉은 까마귀가 나를 보고 너털웃음을 웃는다. 왜 웃느냐고 물으려다 말고 까마귀의 너털웃음에 귀를 기울인다. 그러다가 나도 따라 너털웃음을 흉내 낸다.

앞에서 깡총거리던 까치가 뒤질세라 깟깟깟 잔소리를 퍼붓는다.

'왜 너털웃음을 웃느냐.'고

나는 이렇게 대답한다.

진실하지 않은 사람에게 진실을 쏟아붓고 배신당한 게 기막혀 웃는다고. 많은 사랑을 주고도 외면당한 게 허망하여 웃는다고.

상처가 너무 아픈데 참아보려고 웃는다고.

표리부동한 인간관계의 염증을 털어내려고 웃는 거라고.

속이 뭉그러지고 뼈가 깎인 아픔, 가슴 저미는 슬픔, 피가 솟구치는 분노 등을 제쳐 버리려고 웃는 거라고,

만신창이가 된 모습을 꼿꼿하게 세우려고, 웃을 일이 아닌데도 억지로 웃어 넘기려는 거라고.

그래서 웃는 웃음이 내가 웃는 '너털웃음이다.'라고.

소나무가지에 앉아 듣고 있던 까마귀가 큰 목소리로 꾸악꾸악 웃는다.

그 웃음소리가 '가소롭다. 가소롭다.' 소리로 들린다.

맞다. 가소로울 때 웃는 웃음도 너털웃음이다.

기가 막힐 때 웃는 웃음, 체념하고 웃는 웃음이 너털웃음이고.

등 돌린 네 뒤에서 눈물 감추고 웃던 웃음도 너털웃음이다.

지금 나는 자연인처럼 홀로 산길을 걷는다.

너덜너덜 해진 마음과 모습을 감추려고 고개를 치켜세운다.

아침 햇살이 밝다.

내려 번지는 햇살을 바라보며 가슴을 쫙 편다,

세상만사가 모두 가소롭다.

지난 생이 별거 아니구나 싶다.

그래서 '으하하하…' 호탕하게 웃어 본다.

풀잎에 열린 이슬방울이 반짝 웃는다.

이름 모를 풀꽃도 함초롬히 웃는다. 그러면서 아주 수줍고 작은 소리로 말한다.

'앞으로는 우리들처럼 웃어 보세요.'

그래그래, 그렇게 웃어 보자.

아프고 허탈한 속내를 너털웃음으로 모두 날려버리고

너희들처럼 그렇게.

보일 듯 말 듯, 들릴 듯 말 듯. 작고 고상하고 예쁘게.

그렇게 웃어 보자.

그래, 그렇게 웃으면서 살아 보자.

데칼코마니 연가

어제까지만 해도 비가 추적거려 암울했던 호수다. 그렇던 호수가 오늘은 파랗게 갠 하늘과 흰 구름을 담고 있다. 수면은 명경같이 맑고 잔잔하다.

그 맑고 잔잔한 호수에 원앙새 한 마리가 부리를 내리고 앉아 있다. 바로 밑 물속에 똑같은 모습의 원앙새가 투영되어 맞붙어 있다. 한 몸이면서 두 몸처럼, 두 몸이 한 몸처럼 되어 사랑의 삼매경에 빠진 듯, 저 모습 행여 흔들릴까, 깨질까, 바람도 호수도 숨죽이고 있다.

저 원앙새 어디서 날아왔나? 왜 홀로인가? 한 쌍이라야 보기 좋은데 홀로인 걸 보니 짝을 잃었나 보다. 가족도 없나 보다. 부리를 수면에 내리고 앉아 꼼짝 않는 모습이 무척 외로워 보인다. 슬퍼 보인다. 짝을 찾아 헤매다 지쳤나? 짝과 함께 놀던 호수를 찾아 온 건가? 그런데 아무도 없는 호수엔 적막만 흐르질 않는가.

휑한 호수를 보다가 원앙새는 목이 메었나 보다. 그래서 수면에 부리를 댄 채 눈물을 삼키고 있는지도 모르겠다. 그러다 물속에 비친 한 그림자를 보았나 보다. 그 그림자가 짝의 모습으로 보였나 보다. 얼마나 그리던 모습일까! 너무 반갑고 기뻐서 온몸을 맞댄 채 해가 지는 줄도 모르는 것 같다. 저 원앙새 혹 나르키소스의 후예 아닐까?

그렇다면 바보다!

하필 못 속에 비친 자기 모습에 반해 넋 놓고 물속만 들여다보다가 말라 죽은 후 수선화가 됐다는 나르키소스를 닮으려는가 말이다. 영지에 서린 무영탑 사연 속의 아사녀를 닮으려는가 말이다. 그러나 설사 그렇다 해도 바보 같다고 눈치 주지 말자. 질투도 하지 말자. 돌을 던져 물살을 만들지도 말자.

바람아 불지 마라. 비야 오지 마라. 물결도 일지 마라. 저 그림자 깨지면 저 원앙새 또 어디를 얼마나 외로움에 떨며 헤맬 것인가! 저 원앙새에게 그림자가 아닌 실체의 짝을 만나게 해주고 싶다. 다시는 이별이 없는 날들을 안겨주고 싶다.

수십 년 전,

초등학교 4학년이던 영자(제자)가 미술시간에 도화지를 반으로 접어 한쪽에 그림물감을 묻힌 후 남은 한 쪽을 맞붙여 꾹꾹 눌렀다 펴서 나타난 무늬를 보고 소리쳤다.

“선생님, 나비 같아요. 양쪽이 똑같이 생겼어요. 참 신기해요. 너무 예뻐요.”

그 후, 나는 나비를 볼 때마다 영자가 찍어낸 데칼코마니 무늬를 연상했다. 양 손바닥을 마주 붙여 폈을 때도 그랬고, 신발 한 켤레가 나란히 놓였을 때도 그랬다. 김장 배추를 반으로 갈라놓았을 때도, 아들이 저와 똑 닮은 어린 아들을 안고 뽀뽀를 할 때도 그랬다. 지금은 저 원앙새의 모습이 그렇게 보인다.

TV를 통해 90세의 금슬 좋은 노부부가 항상 일거수일투족을 함께 하는 걸 봤다. 밖으로 나갈 때나 들어올 때나 바늘 가는데 실 따라가듯 함께 했고, 밥을 먹을 때도 마주 앉아 서로를 챙겼다. 잠잘 때에도 마주 누워 두 손을 맞잡고 잤다.

며칠 전에는 경주 안압지의 밤경치를 접했다. 현란한 조명에 싸인 건축물의 호화찬란함이 연못에 투영되어 무릉도원을 연상케 했다. 그 옆 키 큰 나무들도 조명을 받고 알록달록 화려한 단풍 숲을 이루었다. 이파리 하나, 잔가지 하나, 그늘진 귀퉁이조차 떼놓지 않고 밑동을 맞붙인 채 넘실넘실 춤을 췄다. 어느 무희가 물속에 거꾸로 매달려 저리도 휘황찬란한 춤을 출까? 너무 멋들어진 춤사위다. 화려한 축제다.

그 외에도 남빛 호수에 거꾸로 투영된 캐나다의 전나무 숲, 양수리 호수에 투영된 미루나무와 까치둥지, 웅장한 빙산을 품은 노르웨이의 호수, 강물에 비친 안개 자욱한 강마을과 나룻배를 탄 한 쌍의 연인 등. 모두 다정하고 멋진 데칼코마니 풍경이다. 지금 저 앞에 손잡고 걸어가는 노부부 모습도 그렇다. 참 부럽다. 나만 외톨이다. 날마다 거울 속에서 나와 똑 닮은 모습을 만나지만 만져지지도, 의사소통도 안 되는 허상이다. 나는 언제 내 마음에 딱 맞는 반쪽을 만날까?

노을이 내리는데도 호수 위의 원앙새는 떠나지 않고 물속의 허상과 맞붙어 있다. 그 모습이 슬퍼 보이는 나는 허상이 아닌 실체의 짝과 마주한 채 오래오래 변함없이 아름답고 멋진 데칼코마니 연가를 연출하고 싶다. 저 원앙새도 그랬으면 좋겠다.

편견

그녀는 흑인 혼혈가수다. TV를 통해 처음 봤을 때는 30세쯤 돼 보였다.

꼬슬꼬슬한 머리, 얼굴에 번들번들 흐르는 개기름, 노출된 시꺼먼 겨드랑. 가까이 다가가지 않아도 역한 냄새가 번져올 것 같은 검붉은 색깔과 칙칙한 분위기 등. 혼혈로 태어나 어찌어찌 먹고 살 길을 찾다가 삼류가수쯤 됐을 거란 부정적 편견을 갖게 되었다. 그래서 그녀의 노래를 잘 듣지도 않았고 관심도 없었다. 그런데 얼마 전부터 그녀에 대한 편견이 바뀌기 시작했다.

무대 위에서 땀까지 흘리며 열창하던 그녀가 활짝 웃는 얼굴로 시청자를 향해 "취업이 힘든 요즘 취업 못 하신 분 모두 취업하시길 간절히 빕니다."

진심어린 격려와 인사를 한 후 열정적인 율동을 곁들여 끝까지 열창하는 모습을 본 후였다.

본인보다는 먼저 시청자의 어려움을 걱정하는 따뜻한 말과 행동이 내 마음을 밝게 했다. 활기찬 그녀의 노래를 어깨까지 들썩이며 신바람 나게 따라 불렀다. 그런 얼마 후였다. 아직도 덜 벗겨진 그녀에 대한 내 편견을 완전히 뒤바꿔 놓은 사건이 있었다.

안국 전철역에서 인사동쪽으로 가는 노상에서였다. 많은 사람들이 휠체어를 탄 장애인과 악기를 연주하는 몇 사람을 에워싸고 있었다. 무슨 일인지 궁금해서 다가가 보니 불우장애인 돕기 가두모금행사를 벌이고 있는 것이었다. 역전이나 번화가에서 흔히 볼 수 있는 일이지 싶어 발길을 돌리는 순간, 갑자기 TV에서만 보았던 혼혈가수인 그녀가 휠체어를 탄 장애인 옆으로 뛰어들더니 무대 위에서 부르던 노래들을 신나게 부르는 것이었다. 옷차림은 무대에서와 달리 허름한 외출복 차림이었다. 볼일이 있어 지나다가 즉흥적으로 끼어든 것 같았다.

몇 곡으로 이어지는 그녀의 노래는 열정적이고 진지했다. 악사들도 경쾌하게 연주를 곁들였고, 구경하던 사람들도 신나게 손뼉 장단을 치며 어우러졌다. 지나던 행인들이 무슨 일인가 하여 꾸역꾸

역 모여들었다. 혼혈여가수의 즉흥적 모금행위임을 알고 너도나도 그녀가 펴놓은 머플러 위에 모금액을 올려놓았다. 모금액이 금세 수북이 쌓였다. 드디어 노래를 끝낸 그녀가 모금액 전체를 주최 측에 넘겨주곤 휭-하니 떠났다. 시원하고 신바람 나는 그녀의 행동이 나를 감동시켰다. 지난날 그녀에 대한 극심한 편견이 사라지면서 흰 살색의 백설공주보다, 고급향수를 뿌린 여인보다 더 예쁘고 더 진한 향기가 배어나오는 것 같았다. 나같이 허접한 인간이 던지는 편견의 사슬에서 해방된 자유롭고 아름다운 모습이었다.

외모로 인기 상승을 누리던 가수나 탤런트도 얼마 못가 인기가 사그라지기 쉽다. 그로 인해 우울증을 앓거나 자살한 이도 있다. 헤쳐 나갈 각오와 용기를 포기한 그들 모습은 보는 이들까지 우울하게 하고 자신감도 상실케 한다. 무대 활동을 하는 사람이라면 시청자에게 활기찬 모습, 용기와 감동 같은 것들을 전해 줄 수 있어야 하는데 말이다.

흑인 혼혈로 멸시를 받으며 부정적인 편견에 시달렸을 그녀도, 부러운 시선과 긍정적 편견을 받고 우쭐했던 사람도. 각기 엮어내는 삶의 모습으로 편견을 뒤바꿀 수가 있다.

내가 말하는 흑인 혼혈가수인 그녀가 가끔 열린 음악무대에서 열창을 한다. 그때마다 방청석 가득 박수 소리가 요란하다. 그녀의 삶이 경쾌한 박자만큼이나 활기차고 진솔해 보이기 때문일 것이다.

그녀가 교수에게 시집을 갔단다. 낮은 자를 배려하고 시청자를 신나게 하는 그녀의 성품과 태도라면 평생 행복한 삶을 이어가리라 믿는다. 한여름 뜨거운 열기보다 더 뜨거운 박수를 그녀에게 보낸다.

고무줄 사러 간다

헌 잠옷바지가 자꾸 흘러내린다. 허리춤에 낀 고무줄이 낡았기 때문이다. 새 고무줄로 갈아 끼우려고 반짇고리를 열어보니 없다. 동네 슈퍼에서 사오려고 갔는데 고무줄 취급을 안 한단다. 문구점엔 있겠지 싶어 근처 작은 문구점엘 갔더니 역시 고무줄은 없었다. 큰 문구점엔 있을 것 같아 내친 김에 시내버스를 타고 상가들이 늘어선 번화가 문구점엘 갔다. 그곳에도 바지 허리춤에 낄 고무줄은 없었다. 어딜 가면 살 수 있느냐 물었더니 재래시장에 가보란다. 재래시장? 고무줄 한 줄 사려고 먼 곳까지 가? 차라리 새 옷을 사 입는 게 편하겠다.

전 같으면 구멍가게나 방물장수한테도 쉽게 살 수 있었던 고무줄이 대체 언제부터 우리 주변에서 쉽게 살 수 없게 된 것일까.

요즘 헌옷을 손수 고쳐 입는 사람은 드물다. 값싸고 예쁜 옷 파는 곳이 널려있는데 궁상맞게 왜 고쳐 입는가. 원활한 시장경제 유통을 위해서도, 또 시간과 인력 낭비를 줄이기 위해서도 새로 사 입는 게 현명하다 싶어서인지, 더 입어도 될 멀쩡한 옷도 맘에 안 들면 버리는 이들이 많다. 그런 걸 볼 때마다 아깝다는 생각이 들고 저러면 안 되지 싶다.

6·25를 겪은 세대들은 먹는 것도 부실했지만 변변한 옷도 못 입고 살았다. 어쩌다 얻어 입은 구호품, 명절 옷, 운동회 때 입은 검은색 팬티, 몸빼(일 바지), 하다못해 양말까지 낡아 헤져도 버릴 생각을 않고 고치고 고치고 꿰매고 또 꿰매다가 더 이상 손 댈 수 없게 낡아버리면 그래도 못 버리고 알뜰하게 걸레를 만들어 사용했다. 나도 많이 해 본 일이다. 그랬기에 요즘 헌 옷 고쳐 입는 일은 나 같은 늙은이나 할 짓일 게다. 젊은이들에게 '절약정신 어쩌고….' 권했다간 꼰대소리나 듣고 골동품 취급을 받을 것이다.

지금은 예전에 비해 시대가 눈부시게 변했다. 시대가 변했으니 궁상맞은 티를 못 벗는 늙은이의 사고도 변해야 될 것이다. '잘 됐다. 이번 기회에 헌 잠옷 버리고 새 잠옷을 사 입자.' 결심한 순간 기분이 심플해지고 활기가 돋았다.

나는 고무줄 사러가는 걸 포기하고 새 잠옷을 사려고 두 팔을 내저으며 대형마트로 갔다. 모든 게 새롭고 번쩍였다. 휘둥그레진 눈으로 층층을 돌며 아이쇼핑을 했다. 이제 맘에 드는 잠옷만 사면 된다. 드디어 잠옷코너 앞에 섰다. 그런데 싼 것은 색상과 무늬가 현란하고 유치했다. 고상하다 싶으면 값이 상상외로 비쌌다. 순간 '이건 아닌데…, 그까짓 잠옷 누가 볼 것도 아닌데 늙은이가 아무거나 입지!' 하며 붕 떴던 마음이 차분히 가라앉았다. 그러면서 생각이 지난 날로 돌아갔다.

사람이 갑자기 변하면 죽는다는 말 때문만은 아니다. 소비가 심하면 가정 경제가 쇠한다. 새 옷 살 돈 아끼면 손자 녀석 맛있는 거 사 줄 수 있고, 며칠 전 아기 낳은 이웃 새댁에게 미역도 사 줄 수 있는데….

여기까지 생각이 미치자 모처럼 새 잠옷을 사 입겠다던 결심이 꼬리를 내렸다.

나는 발길을 돌려 다시 고무줄을 사기 위해 먼 재래시장을 향했다. 가는 길에 아는 분을 만났다. 어딜 가냐고 묻기에 고무줄 사러 간다는 이야기를 털어놨더니 연금까지 타는 교장선생님이 웬 청승이냐고 펄쩍 뛴다. 그랬어도 나는 당당하게 재래시장으로 고무줄을 사러 갔다. 재래시장엔 있었다. 흰색, 검은색, 자색, 노란색 등 나는 고무줄을 색깔별로 골고루 사들고 돌아섰다. 왜 이렇게 기분이 좋을까? 그런데….

갑자기 시대를 앞서가는 젊은 세대들에게 미안한 마음이 든다. 한 시대를 같이 살면서 궁상스런 티와 후진된 사고를 못 버리는 늙은이가 시대변화에 걸림돌이 되는 것 같아서다. 하지만 이렇게 알뜰살뜰 절약하며 살았기에 가정 경제의 손실을 막았고, 자식에게 손 내밀지 않게 되고, 손자들에게 후한 할머니도 되고, 이웃을 도울 수 있는 역량도 생겼다는 걸 알아줬으면 좋겠다. 더 한마디 하자면, 모든 이들이 절제하고 절약하다 보면 가정은 물론 나라 경제의 손실도 막고, 이웃나라에 손 내미는 일도 없겠으며 가난한 나라까지 도울 수 있는 여력이 생기는 것 아닐까? 역설일까?

어쨌든 '세 살 버릇 여든 간다.'는 속담을 뇌이며, 헌옷에 낄 고무줄을 사들고 발걸음 가볍게 돌아간다. 젊은이들이여, 이런 늙은이를 골동품 취급하지 말고 이해하고 사랑해 줬으면 좋겠다.

못갖춘마디 단상(斷想)

비 오는 날 홀로 앞산을 바라보며 피리를 분다. 고독한 양치기, 가고파, 저 구름 흘러가는 곳 등 그리움이 깔린 곡들이다.

그리움이 깔린 곡으로 포스터의 곡을 빼놓을 수 없다. 내친 김에 스와니 강, 오 스잔나, 올드 블랙 조, 금발의 제니 등을 연속으로 불다가 「켄터키 옛집」이 떠올라 피리 불기를 멈추었다. 옛날 일이 생각나서다.

반세기를 훌쩍 거슬러 중학교 일학년 때다. 음악선생님이 육성으로 켄터키 옛집을 서너 번 들려주더니 음악 성적에 반영한다며 다음날까지 틀리지 않게 잘 불러오라고 했다. 6·25 전쟁을 겪은 몇 년 후라 주변에 음을 잡아 줄 악기도 없었고, 독보력도 미약해 처음 대하는 켄터키 옛집을 틀리지 않게 잘 불러오기가 난감했다. 천만다행으로 음표의 길이는 대충 알고 있어서 박자라도 맞춰봐야겠다고 서둘렀다.

밤새 음악책을 펴 들고 발바닥, 손가락으로 박자를 맞추며 켄터키 옛집을 연습했다. 하지만 번번이 첫 마디에서 브레이크가 걸렸다.

첫 마디에 팔분쉼표와 팔분음표 한 개씩만 있는 못갖춘마디 노래였다.

단 한 개뿐인 팔분음표에 맞춰 점찍듯 '켄' 소리를 낸 즉시 둘째 마디 '터키 옛집에'란 가사와 연결시켜야 한다. 그런데 첫 마디의 '켄' 소리를 제 박자에 맞춰 내기가 쉽지 않았다. 왜 첫 마디에 팔분음표 한 개가 달랑 끼어 기선을 잡으려는지!

나는 못갖춘마디 노래를 작곡한 포스터와 이 노래를 성적에 반영한다며 틀리지 않게 불러오라는 선생님까지 원망했다. 그러면서도 못갖춘마디 속 팔분음표를 잘 살려 불러야 음악성적을 잘 받을 것 같아 밤새 켄, 켄거리며 켄터키 옛집 노래와 씨름을 했다. 덕분에 「켄터키 옛집」 노래 첫 부분의 팔분음표는 눈을 감고도 훤히 떠오를 만큼 친해졌다.

다음날 음악선생님께 내가 제일 잘 불렀다는 칭찬도 받았다. 하지만, 포스터는 왜 못갖춘마디 노래를 작곡했을까? 음악선생님은 왜 못갖춘마디 노래를 틀리지 않게 잘 불러오라 했을까? 의아심이 가슴에 남았다.

못갖춘마디에 대해 어느 사람이 이렇게 말했다.

'작곡가는 악보의 첫 마디를 의도적으로 못갖춘마디로 만든다. 왜냐하면 못갖춘마디의 여린박을 통해서 노래의 분위기를 살려주고 그 다음에 나오는 곡을 강조하기 위해서다.'라고.

그 후, 내가 알게 된 못갖춘마디는 박자표에 제시된 박자보다 부족한 불완전한 마디를 첫 마디에 배치한 것이다. 음악은 여러 개의 마디로 이루어졌으며 각 마디의 첫 박이 강박이다. 때문에 각 마디의 첫 박에 중요한 가사가 나오도록 작곡을 해야 한다. 서양에서는 언어 구조가 'the'나 'a', 'in' 같은 전치사나 관사 등이 발달해 있어서 강박인 첫 박에 중요하지 않은 전치사나 관사 등을 배치해야 할 때가 많다. 그런 마땅찮은 상황을 막기 위해 첫 마디가 시작되기 전에 the나 a, in 같은 단어들을 못갖춘마디에 배치하여 처리해주면 그 다음 첫마디 강박에서 중요한 단어가 나오게 할 수 있다. 그래서 언어 구조가 우리나라와 다른 서양에서는 편의상 못갖춘마디 노래를 심심찮게 만들어 내는 것이다.

나는 산골 오두막에 홀로 나와 살고 있는 내가 the나 a, in 같은 전치사나 관사 같다는 생각이 든다. 못갖춘마디의 팔분음표 같다는 생각도 든다. 한 박자도 아닌 반박자짜리 인생이면서 앞자리에 진치고 앉아 기선을 잡으려 얼쩡대는 꼴이구나 싶다.

어쩌면 우리네 인생은 거의가 못갖춘마디를 닮지 않았나? 여린박으로 시작해서 이런저런 고락을 겪으며 연을 맺고 살다가, 인생의 끝마디에 못 갖춘 박자를 채워 아름답게 마무리 지으려는 것처럼 느껴지니 말이다. 100세에 시집을 낸 시바타 도요가 그렇고, 76세에 그림을 시작한 모지스가 그런 케이스 아닌지.

나는 지금 그런 모습을 닮고 싶다. 못갖춘마디의 팔분음표처럼 끝마디에서 제대로 박자를 찾아 마무리 짓고 싶다. 그래서 늘그막에 산골 오두막에 홀로 나앉아 글을 쓰고, 그림도 그리고, 피리를 불고 있는 것인지도 모른다.

걸레의 마음

베란다 문을 열고 둘러본다. 냉기가 확 달려든다. 몸이 오싹하여 문을 닫고 돌아서려는데 뒤에서 누가 부르는 것 같다. 다시 문을 열고 베란다 구석을 살펴보던 나는 '아, 재였구나!' 하고 한 곳에 시선이 멈췄다.

그곳엔 청소 용구들이 모여 있다. 그 중에 내 시선을 끈 걸레가 말라비틀어진 채 웅크리고 있다. 헌 수건으로 만든 것인데 날마다 방과 거실 바닥을 닦다가 낡고 찌들어 그만 버려야지 하면서도 선뜻 버리지 못하고 내 놓은 것이다.

지금은 저 꼴로 방치되어 있지만 3년 전에는 새색시 같은 핑크빛으로 우리 집에 왔다. 오자마자 나에게 간택(簡擇)되어 날마다 내 얼굴을 닦아 주었다. 깨끗이 닦인 내 얼굴에선 수건 빛깔처럼 핑크빛이 돌고 반짝반짝 윤도 났다.

세월이 지나면서 예쁘던 핑크빛 수건은 칙칙한 색으로 변해갔다. 끓는 물에 여러 번 삶았지만 원래의 빛은 돌아오지 않았다. 찌든 것만이라도 없애려고 표백제 물에 담갔더니 흰색으로 변해버렸다. 그런대로 눈처럼 하얘서 고상한 기품까지 느끼며 쓸 만했다. 허지만 흰색은 더 쉽게 때를 타 삶고 표백하기를 수없이 반복했다. 시달리다 못한 수건은 마침내 헤질 정도로 낡아서 버릴 단계에 이르렀다. 그랬어도 쌓인 정 때문에 버리지 못하고 걸레로 전락시킨 것이다.

걸레가 된 수건은 내 얼굴을 닦아 줄 때보다 더 집안 구석구석을 닦는 일에 진력하였다. 덕분에 집안은 늘 청결했고 반짝반짝 윤이 났다. 그걸 보는 나는 기분이 좋고 행복했다. 그때 걸레의 마음은 어땠을까?

'자기 몸 하나 희생하면 집안이 깨끗해지고 주인인 나도 좋아하는구나.' 싶어 나름대로 만족감과 보람을 느꼈을까? 그래서 몸이 찌들고 망가지는 것도 아랑곳 않고 집안 닦는 일에 진력했나? 그런 걸레의 마음을 헤아리지 않은 나는 낡고 찌들었다고 베란다 구석으로 몰아낸 후 방치해 버렸으니….

걸레는 날마다 함께 한 주인의 손길이 얼마나 그리웠을까! 활기차게 집안을 닦던 시절이 그리워 목이 메고, 잊힘이 야속해 비쩍 마른 몸을 비튼 채 뼛속 시린 울음을 삼키고 있는 것 같다. 팔십 평생 맏며느리로 대가족 시중만 들다가 며칠 전 세상을 뜬 큰 올케의 모습을 보는 듯하다.

걸레를 보고 있는 내 몸도, 뼛속도 걸레 못지않게 저리고 시리다. 나는 잠자코 말라비틀어진 걸레를 집어 든다. 잠시라도 생기를 느끼도록 물에 적셔 볼 생각이다.

핑크빛 시절로 되돌아가고 싶은 걸레의 마음이 내 마음과 손길에 전해진다. 지금의 내 마음 같아 마음이 아리고 손끝도 아리다.

아름다운 노티를 위하여

아름다운 노티(노인 맵시)를 간직하고 싶다. 예를 들어 전철을 탔을 때, 경로 우대석에 앉아서도 책을 읽는다든가, 휴대전화를 받게 되면 옆 사람에게 미안하다는 눈인사를 한 후 입을 가리고 작은 소리로 받는 게 보기 좋을 것이다. 큰 보따리를 다리 사이에 끼고 앉아 뒤적뒤적 부스럭거리다가 옆 사람에게 눈총을 받았다는 친구처럼은 되지 않는 게 좋겠다.

친구 대여섯 명이 계군처럼 몰려 탄 후 왁자지껄 떠드는 모습도 보기 나쁘니, 조용조용 존댓말로 대화를 하고, 자애롭고 환한 미소를 얼굴 가득 띠면 보기 좋겠다. 호탕하게 웃다가 이 사이에 낀 고

춧가루가 보였다면 얼마나 황당할까.

구김살지고 헐렁거리는 바지 차림도 안 좋고, 쭈그러진 겨드랑이를 노출한 차림으로 손잡이를 잡고 서 있는 모습도 보기 나쁘니, 값싼 옷일지라도 몸을 많이 가리는 옷으로 깨끗이 빨아 잘 다려 입은 후 단정한 머리 손질, 핑크빛 루주 정도는 바르고, 은은한 향수 한두 방울쯤 뿌려 상쾌한 향기를 지니는 게 좋겠다.

길을 걸을 때에도 다리를 벌리거나 등을 구부리지 말고 반듯한 자세로 여유 있게 걸으면 좋겠다.

뷔페식당에 갔을 때는 여러 번 나르더라도 한 접시에 두서너 가지 음식을 깔끔하고 예쁘게 담아다 품위 있게 먹으면 좋겠다. 한 번 먹고 죽을 것도 아닌데 접시에 뒤죽박죽 고봉으로 담아 들고 더 담을 게 없나 두리번거리며 지척거려 뒷사람의 진행을 막는 모습도 보기 나쁘다. 음식을 입안 가득 넣고 이야기하다 침 튀기고, 쩝쩝 후루룩 소리내어 먹다가 아들 며느리한테 눈총을 받았다는 친구처럼은 되지 말아야겠다.

경로석에 앉아 코를 골면서 낯모르는 옆 사람 어깨에 머리까지 얹고 자다가 옆 사람이 일어서는 바람에 옆으로 고꾸라진 친구의 모습을 보고 재미있다고 웃어야 할지…. 비록 몸은 늙었지만 죽는 순간까지 마음과 행동은 좋게 갖도록 노력해야겠다.

이 겨울이 지나고 봄이 오면 나는 호미 들고 나가 내가 사는 아파트 주변에 들꽃을 가득 심을 것이다. 들꽃들이 방긋거리는 걸 보면서 가곡도 부르고 피리도 불 것이다. 그런 나를 보고 뭐라고들 할까? 브라보! 할까?

내가 먼저 하자.

아름다운 노티를 위하여 화이팅!

그림 : 신건자

4부

대부도 기행

대부도 기행

· 대부도에 가는 이유

시원한 바다 사진을 보니 또 마음이 들썩인다. 대부도에 가고 싶어서다. 나는 두드리던 컴퓨터 자판기를 밀어 넣고 일어선다. 특별히 외출 채비를 할 필요 없이 강렬한 태양빛 차단을 위해 선글라스와 모자를 쓰고, 장갑과 운동화만 착용하면 된다. 혹시 해산물이라도 사들고 올까하여 보조백 하나를 챙겨들고 나선다. 같이 갈 사람이 있으면 좋으련만…. 혼자라도 좋다. 한 시간이면 갈 수 있는 곳! 벌써부터 머릿속엔 탁 트인 대부도 앞바다가 가물거린다. 짭조름한 갯냄새도 코끝에 닿는 듯하다. 나는 승용차 시동을 걸고 '바다로 가자 바다로 가자♪♪ 콧노래를 부르며 대부도로 달려간다.

도장터널을 통과하고 구 반월을 지나면 쌍갈래 길 앞에서 잠시 망설이게 된다. 서쪽으로 가면 반월공단을 지나 시화방조제를 건널 것이고, 동쪽으로 가면, 들과 산을 보고, 시원스레 펼쳐진 하늘을 보며 가로수 길을 달릴 것이다. 기왕이면 동쪽 길로 가자. 이름조차 낭만적인 송라, 사강, 전곡항을 경유하게 될 것이니까!

구 반월 길가에는 푸성귀를 놓고 파는 할머니들이 앉아 있다. 나는 애호박 한 개와 껍질 안 깐 강낭콩 한 묶음을 산 후 다시 달린다.

동쪽 길로 들어서 왼쪽 산허리를 끼고 돌자 화성시 남양 가는 길이 나온다. 나는 이 길이 좋다. 철따라 진달래꽃, 아카시아꽃, 밤꽃이 피고, 가을이 오면 예쁜 단풍잎과 알밤이 툭툭 떨어지는 길이다. 겨울 설날엔 떡국 상 물리고 며느리들을 친정으로 보낸 후 썰렁한 시간 보내기에 으뜸인 길이다. 어느 해 설날 아침이 그랬다.

그 설날, 홀로 쓸쓸해진 마음을 차에 싣고 대부도를 향했다.

휴일이면 줄줄이 늘어섰던 길인데 차들이 한 대도 보이지 않았다. 설날인지라 국민 거의가 가족들과 집에 모여 앉아 즐거운 시간을 보내고 있기 때문일 것이다. 뻥 뚫린 길을 내 차 한 대만 달리니까 너무 상쾌했다. 대부도를 지나 영흥도까지 단숨에 들어섰지만 인적이 없는 섬 전체에 적막감이 깔려 있었다. 이 길 저 길을 기웃거리던 내 기분이 점점 묘해졌다. 설날인데 홀로 웬 청승? 고아의 마음이 이럴까? 싶었다.

점심때가 한참 지났는데 바닷가에서 바람막이로 가리고 휴대용 버너에 라면을 끓이는 노인을 보았다. '아, 저런 사람도 있구나!' 나는 그보다 낫다는 생각에 힘을 얻고 노을이 붉게 내릴 때까지 섬 전체를 돌아다녔다. 낭만적이라 생각된 멋이 참 괜찮았다.

오우, 웬일! 설날 문을 연 칼국수 집이 보였다. 뜻밖에도 노인 부부가 손자들을 데리고 칼국수를 시켜 먹고 있었다. 그 옆에 나도 한 자리하니 제법 훈기가 돌았다. 그 추억이 새롭다. 외로울 땐 가끔씩 가도 괜찮은 곳! 그 대부도를 향해 오늘 외로움을 훌훌 털며 달려간다.

· 사강 시장에 가면

구 반월을 지나 남양 가는 길가에 이름도 아름다운 송라리가 나온다. 순간 '송라'라는 단어와 '청라'라는 단어가 합성어처럼 느껴지면서 「사우」 노래가 흘러나온다.

'봄의 교향악이 울려 퍼지는 청라언덕 위에 백합 필 적에…'

송라리 길옆으로 초록빛 융단을 펼쳐놓은 것 같은 논벌이 보인다. 운이 좋으면 논둑에 하얀 왜가리가 앉아 있는 것도 볼 수 있다. 그러면 또 내 입에선 「오빠생각」이란 동요 "뜸북뜸북 뜸북새 논~에서 울고…"가 흘러나온다. 동요 두 곡쯤 흥얼거리노라면 오른쪽으로 대부도 방향 순환도로에 진입한다. 여기서부터 주행속도 80km를 놓고 신나게 달린다.

마도를 지나 남양 성지 표지판까지 스쳐지나면 길가 오른쪽에 '사강 시장'이란 간판이 개선문처럼 서서 나를 유혹한다. '사강' 하면 또 「슬픔이여 안녕」을 쓴 프랑스 작가 '프랑소와즈 사강'이 떠오른다. 그래서 '사강'이란 이름이 좋다. 나는 즐겁게 개선문을 통과한 후 사강시장을 기웃거린다. 해산물 가게가 즐비하게 늘어섰고 갯냄새가 가득하다. 아직 서해는 보이지 않는데도 바다가 가까이 있음을 느끼게 해준다.

사강 시장엔 내가 좋아하는 집 두 채가 있다. '우리밀 칼국수 집'과 '해산물 파는 가게'다. 바지락을 잔뜩 넣어 끓여낸 우리 밀 칼국수에서 어렸을 때 엄마의 손맛을 느낄 수 있다. 구수한 칼국수 위에 맛깔스런 김치와 깍두기를 얹어 입에 넣는 순간 어린 날의 밥상을 대한 듯 눈물 나게 행복하다. 뚝딱 한 그릇을 먹은 후 우리밀로 만들었다는 건빵 한 봉지를 사들고 그 옆 단골 해산물 가게로 옮겨간다.

'신광명 해산물'가게 아줌마 인물은 퉁퉁하고 거무튀튀해 볼품이 없다. 그렇지만 저울눈 인심만은 넉넉해서 좋다. 싱싱한 해산물 1Kg을 사면 1.5Kg 정도를 주니 저울눈 빡빡한 다른 집으로 갈 수가 없다. 그래서 10년이 넘게 찾아가는 단골집이 됐다. "어서 와요.

오늘은 꽃게하고 주꾸미하고 조개가 알이 꽉 찼는데, 얼마큼씩 담을까….” 내 맘을 다 아는 단골집 아줌마가 살아서 꿈틀대는 해산물들을 소쿠리에 주섬주섬 담는다.

“이렇게 싱싱하고 맛좋은 해산물을 사다가 아들, 며느리, 손자, 이웃집, 친구들과 나눠 먹어야지! 이럴 땐 주머니를 크게 열어야 해!”

넉넉한 맘이 되어 단골집 아줌마 큰손 못지않게 이것저것 집어 담는다. 종류별로 아이스박스에 포장한 해산물을 차 트렁크에 그득 싣고 시동을 건다. 그리고 목적지 대부도를 향해 다시 달린다. 대부도가 가까울수록 넘실넘실 달려오는 밀물 파도가 눈에 어린다. 갈매기들은 밀물을 마중하며 끼룩끼룩 너울너울 춤을 추겠지!

· 전곡항에서의 해후

사강시장을 뒤로 하고 대부도를 향해 5분 남짓 달리면 구봉터널이 큰 입을 열고 반긴다. 자신 있게 터널을 통과하니 제부도와 전곡항 안내 화살표가 보인다. 나는 전곡항 방향으로 달린다. 대부도엘 가려면 전곡항을 지나야 하기 때문이다.

바다가 가까웠나 보다. 열린 창문으로 짭조름한 바닷바람이 들어온다. 드디어 길 왼쪽에 전곡항이 보이고 흰 돛을 올린 요트무리가 한눈에 들어온다. 요트경기가 열리는가 보다. 이 멋진 풍경을 어찌 그냥 지나치랴! 나는 직진하던 핸들을 왼쪽으로 돌려 전곡항으로 들어섰다. 선착장 앞에 차를 세우고 서해 멀리까지 바라본다.

요트장 너머로 대부도 땅인 탄도항과 누에섬이 보인다. 두 섬 사이를 이은 바닷길이 썰물에 알몸을 드러내 사람들을 오가게 한다. 방파제 위에서는 풍력발전기들이 점잖은 몸짓으로 빙글빙글 돌고 있다. 전곡항에 이어진 제부도를 돌고 오는 유람선도 보인다. 광활하게 펼쳐진, 언제 보아도 가슴이 확 트이는 서해 바다! 그 시원한 전경을 더 확실히 바라보고 싶다. 그러기 위해 전곡항에서 딱 하나뿐인 카페에 들어섰다.

"아니 이게 누구신가?"

우둥퉁 투박하게 생긴 노신사가 아는 체를 하며 반긴다. 고등학교 시절에 말도 못 붙이고 내외했던 청년 모습은 간 곳 없다. 세월에 젖고 바닷바람에 검게 탄 얼굴에 검버섯과 주름살이 낯설다.

"하하, 우리 많이 늙었네요."

"그러게 말입니다. 거리에서 보면 몰라보겠습니다."

일 층은 서빙카운터, 이 층과 삼 층은 전망 좋은 카페, 사 층은 펜션, 오 층은 스카이라운지로, 알뜰하게 지어진 이 집 주인은 50년 만에 만난 동창이다.

나는 스카이라운지로 올라가 목에 두른 스카프를 날리며 먼 바다를 바라본다. 흔들의자에 앉아 그네도 탄다. 나름대로 멋스럽고 재밌다.

다시 창 넓은 삼 층으로 내려와 동창이 수중 촬영했다는 사진작품들과 전곡항 풍경을 만끽하면서 동창의 딸이 만들었다는 와플과 빙수를 먹는다. 맛과 분위기가 일품이다. 그렇다고 이곳에 오래 머물 상황은 아니다.

"자, 이제 그만 가겠습니다. 다음에는 동창들을 많이 모시고 올게요."

"그래요. 그땐 요트도 타 봐요. 1만 원이면 탈 수 있으니까 서빙하죠."

갈 길이 바쁘다며 동창의 카페를 나온 나는 승용차에 올라 액셀을 밟는다.

대부도를 향하여 부르릉!!

· 탄도방파제 너머 간척지를 보며

전곡항을 떠나 250m 길이의 탄도방파제에 진입한다. 방파제 왼쪽은 탄도항(갯벌을 매립해 만든 항)이다. 이곳에 어촌민속박물관이 있어 젊은 부부와 자녀들이 견학을 오곤 한다. 박물관 옆에는 2층 구조의 회센터가 있는데 원하는 대로 조개류, 꽃게 등의 해산물을 조리해 준다. 탄도항의 특색은 낚시를 즐길 수 있는 것과, 썰물 때 갈라진 홍해를 건너는 기분으로 바닷길을 20분쯤 걸어 누에처럼 생긴 누에섬에 갈 수 있다. 누에섬 전망대에 올라 아득히 먼 수평선과 낙조를 보며 낭만에 흠뻑 취하기도 한다. 오늘은 탄도항도 누에섬도 제치고 탄도방파제 너머 대부도 황금로를 달린다.

황금로 왼쪽에 허술하게 생긴 가건물들이 늘어서 있다. 내 단골 '형제수산15호' 횟집이 이곳에 있다. 겉모양은 허술해도 집안으로 들어가면 너른 창으로 시원스레 펼쳐진 갯벌이 보이고, 갈매기들이 먹이를 찾아 끼룩대는 모습이 이색적이다. 이 단골집에 친구들, 친분 있는 분들을 자주 모시고 가는데 갈 때마다 갖가지 해산물과 싱싱한 회를 상다리가 휘어지게 나와 눈과 입이 황홀하다. 그래서 자꾸만 가게 된다. 오늘은 사강에서 칼국수를 먹었으니 15호 단골집도 제치고 지나기로 한다.

황금로 오른쪽으로는 갯벌을 매립한 채 방치한 땅이 보인다. 그 땅에 멋대로 자란 갈대들이 나부낀다. 갈대를 보니 또 노래가 저절로 흘러나온다.

> 갈대밭이 보이는 언덕 통나무 집 창가에/ 길 떠난 소녀같이 하얗게 밤을 새우네…

차라리 갯벌을 매립하지 않고 그대로 두었으면 훨씬 좋았을 텐데….

들은 이야기로는 매립하기 전 갯벌 가운데 작은 섬이 있었단다. 그 섬에 사는 사람들은 조개, 낙지 등을 잡아 하루에 60만 원 이상의 수입을 올렸단다. 그랬던 사람들이 보상금을 받고 외지로 떠나 공장에 취업을 했는데 하루에 벌던 60만 원을 한 달 월급으로 받았다니 얼마나 낙담했을까! 그동안 갯벌이 준 크나큰 혜택을 뼈저리게 느꼈을 것이다.

우리나라의 연간 갯벌의 경제적 가치가 10조 원에 이른다고 한다. 그럼에도 무심한 사람들이 더 큰 기대로 간척한 사업이 갯벌 수익성을 따르지 못하고 생태환경까지 파괴하고 있단다. 갯벌이 소중한 자연 자원임을 이미 경험한 선진국들은 벌써부터 갯벌 복원 활동을 활발히 벌이고 있다고 한다. 우리나라도 지자체를 대상으로 갯벌복원 대상지를 조사한 결과 15개 시군에서 81곳을 복원 희망했다고 한다. 특히 현대그룹에서 간척한 천수만 농토를 다시 갯벌로 복원하려 한다니 얼마나 다행인가.

인구도 줄고 일자리도 줄고 지구온난화가 급증하는 암울한 현실에서, 지금 내가 보고 있는 탄도방파제 너머 방치된 간척지도 예전의 갯벌로 복원 되었으면 좋겠다. 그래서 경제면, 환경면에 크게 기여했으면 좋겠다.

· **대부도 동쪽 길가에는**

대부도 동쪽 황금로를 지나자 선감로 쌍갈래 길이 어서 오라는 듯 팔을 벌리고 있다. 계속 직진을 하면 대부도 중심지로 가는 옛 도로이다. 허지만 나는 왼쪽으로 핸들을 꺾어 '보훈용사촌'이란 펜션 마을로 향한다. 이 길은 바다를 끼고 가로수까지 길게 늘어선 멋진 해솔 길이다. 봄에도 좋지만 단풍이 물들었을 때의 가을 길은 더 좋다. 사랑하는 사람 손을 잡고 「솔베이지 송」을 감미롭게 부르며 걸어도 좋을 것 같고, 오늘 같은 날은 시심(詩心)을 한껏 부풀리며 드라이브를 해도 좋은 길이다.

내가 날아가는 거리만큼
당신을 사랑했으면 좋겠다.
새가 되고 싶은 나무들이
즈믄의 날갯짓으로 퍼덕여도
저기 어디쯤 당신이 있었으면 좋겠다.

권혁재 시 숫대를 읊으며 운전을 하는 나는 아무 곳에서나 흔히 볼 수 없는 '센티맨탈리즘 그랜마'다. 그러니 좀 더 우아한 자세와 미소가 번진 표정을 짓자.

오른쪽 창밖을 보니 영어마을과 선감청소년수련원이 보인다. 얼마 전만 해도 영어마을은 경기도교육청 산하 초, 중생들이 기숙을 하며 영어교육을 받던 곳이다. 지금은 만성 적자를 감당치 못해 문을 닫고 '진흥원 안산센터'를 개관했다. 그 옆쪽에 있는 경기도청소년수련원은 여름방학을 맞은 초·중·고등학생을 대상으로 전액 무료 캠프를 연다고 한다.

앞으로 1km정도만 더 가면 보훈용사촌이다. 가는 길가에 아담한 도자기 체험학습장도 보이고 '창작 지원센터' 건물이 입간판을 번쩍이며 눈길을 끈다. 이곳 오픈 때, 입주자 36명을 모집하는데 20:1을 훌쩍 넘긴 748명의 작가들이 신청서를 냈단다. 얼마나 좋은 곳이기에? 어떤 작가들이 경쟁률을 통과했나?

마침 내 차 앞으로 자전거 한 대가 달려온다. "어, 김훈 작가네. 공지영 작가도 가끔씩 보인다더니!"

이곳 창작 지원센터에 입주한 사람들은 세계 예술의 트렌드를 주도하는 인정받는 예술인이란다. 그런 아티스트가 한 자리에 모인 입주공간이 창작 지원센터라니, 불현듯 나도 저 곳에 입주하고 싶다. 어쨌거나 작가 아닌가! 이럴 줄 알았으면 어려서부터 좀더 열심히 글을 쓸 걸…. 이제는 가랑이가 찢어지도록 뛰어도 저 곳은 나에게 그림의 떡일 밖에! 속 차리고 가던 길이나 기분 좋게 가자.

· 보훈용사촌 풍경

대부도 동쪽 창작센터를 지나면 500m쯤 전방에 펜션 마을이 보인다. 선감포구에 자리 잡은 이 펜션 마을은 2004년에 착공되었다.

원래 50여 명의 상이군경들이 실제로 거주하면서 살려고 한 것인데 펜션 기능 강화 기류를 타고 현재 대부도 보훈용사촌 펜션 마을이란 명물로 자리 잡게 되었다. 건립 당시는 행정관서가 옹진군이었지만 지금은 행정구역 변경으로 안산시로 편입되어 있는 곳이다.

"우와, 멋있다. 어머, 저 집 좀 봐! 이 집도, 조 집도…, 어쩜 이렇게 아름답고 멋진 마을이 생겼을까? 유럽보다 더 아름답네!"

바닷가에 방파제를 쌓고 지어진 50여 채의 보훈용사촌 펜션 마을! 이 마을을 돌아보는 내내 입을 다물지 못하고 감탄사를 흘렸다.

'보헤미안, 베니스, 쟈스민… 등등의 낭만적인 이름, 오벨론, 팅거벨 등 요정의 이름, 명작 속에 등장된 인물이나 명소 이름을 따서 문패를 붙인 20개의 펜션과 30여 별장은 제각각 최대의 건축미를 드러내고 있다. 한 바퀴 도는 동안 앞에 펼쳐진 바다로부터 날아온 바다향이 숨통을 넓혀준다. 물 빠진 갯가에는 갈매기들이 앉아 논다.

단체로 휴양을 왔나 보다. 젊은 남자들 한 무리가 관광버스를 세워둔 채 펜션과 펜션 사이 빈 터에서 족구를 즐긴다. 아이들을 동반한 가족들이 역마차를 타고 즐거워한다. 바다와 맞닿은 마을 끝 방파제 위에 자전거 길도 있다. 연인들인가? 바닷바람에 머릿결을 날리며 자전거를 타고 달리는 모습이 영화의 한 장면을 보는 것 같다. 나도 저런 장면을 연출하고 싶다.

이 마을을 보며 너나없이 넋 빠진 모습이 되는 걸 보면 명소임이 틀림없다. 허지만 이 마을이 탄생한 이야기를 듣는 순간 살갗이 저려왔다.

10여 년 전, 집 한 칸 제대로 없는 상이용사들이 무허가로 갯벌을 매립하기 시작했다. 집 지을 땅을 마련하기 위해서였다. 국가에서는 갯벌 매립을 허가하지 않았다. 하지만 생계와 주거환경이 열악한 상이용사들은 혼신의 힘을 다해 국가의 반대에 맞서 갯벌 매립을 강행했다. 결국 국가가 손을 들어 주었다. 그렇게 해서 매립한 갯벌 땅이 보훈용사촌 대지가 되었고 그 위에 50채의 예쁜 집이 지어지게 되었다.

상이용사들이 살고 싶어 지은 집이었지만 수입원이 더 필요했나 보다. 살아 보지도 못하고 펜션마을로 묶어 등록을 하였다. 주인이 살지 않는 예쁜 빈 집들이 명소로서의 자리를 굳히며 주인 아닌 관광객을 기다리고 있다.

"친구들과 함께 와서 하룻밤 묵어가야지." 중얼거리며 '부르릉' 페달을 밟는다. 다음 코스는 대부도의 남쪽에 있는 쪽박 섬이다.

· 쪽박 섬 풍광

전에 번화가였다는 대부도 중심가에 들어섰다. 예전에 지은 동사무소, 은행, 상가, 학교 등 낡은 건물들이 현대적인 시설에 밀려 갓 쓰고 두루마기 입은 촌로(村老)처럼 느껴진다.

"쪽박섬 어디로 가나요?"

주민이 가리키는 대로 좁은 중심가를 벗어나 남쪽으로 꺾인 길로 들어섰다. 논둑, 밭둑길이 한산한 모습으로 반긴다. 시원스레 가슴을 펴고 "산 너머 남촌에는 누가 살길래~" 노래를 흥얼거리며 얼마쯤 가니 '대부남 초등학교' 교문이 앞을 가로 막는다. 학교 왼쪽 길 아래에 물 빠진 갯벌이 넓은 운동장처럼 펼쳐 있다. 학교 울타리를 돌아 구부러진 비포장 길을 덜컹거리며 가다가 야트막한 언덕에 올랐다. 발 아래로 확 트인 서해가 한눈에 들어온다. 그 바다를 안고 작은 포구마을이 그림처럼 펼쳐져 있다. 마을 끝에는 모래사장이 길게 뻗어 있고 쪽박 같은 작은 섬이 풍선처럼 매달려 있다. 그 섬이 바로 바위로 이루어진 쪽박섬이다. 나는 포구마을 길을 조심조심 돌아 내려 쪽박섬에 잇닿은 방파제에 도착했다.

"아이구, 오랜만에 뵙네요."

내가 안산교육청 장학사로 근무할 당시 알게 된 K교사였다. 퇴직 후 십여 년이 지나 만났으니 여간 반가운 게 아니다.

K교사는 모래사장을 싼 값에 구매한 후 '정주영 공법'과 유사한 방법으로 모래사장 위에 방파제를 쌓아 대지를 만들었다. 그 대지 위에 조립식 컨테이너 시설을 설치하여 청소년수련원을 개설했다. 그리고 주로 스카우트 단체를 수용하여 청소년 생활지도, 레크리에이션, 수련활동 및 갯벌체험 등의 프로그램으로 운영한다.

쪽박섬을 보러 왔다는 내 말에 K교사가 선뜻 앞장서 안내를 한다. 모래사장을 걸어 도착한 쪽박섬은 바위와 어수선한 소나무 숲으로 이루어졌다. 교통이 불편한 대부도 귀퉁이의 작은 무인도지만 영흥화력발전소, 영흥대교, 선재대교 등. 영흥도 일대 풍경을 한눈에 볼 수 있어 좋고, 갯벌에서 조개, 소라, 굴, 게 등을 잡고 낚싯대로 망둥어 잡는 체험도 할 수 있어서 좋다. 그보다 '쪽박섬'의 특색이자 큰 매력은 밀물에 잠겨들면 모랫길은 사라지고 완전한 섬이 되며, 쪽박 같은 모습으로 일몰 속에 꿈꾸듯 앉아 있는 풍광이라 하겠다.

수평선을 등지고 작은 고깃배가 미끄러져 온다. 하염없이 바라보고 있는 내 머리 위로 붉은 노을이 내려앉을 기세다. 나는 어두워지기 전에 부랴사랴 쪽박섬을 떠난다. 다음 코스를 향해!

· 쓸쓸한 바람이 머문 곳

쪽박섬을 빠져나와 대부도 북쪽으로 달려간다. Y원장(A대학 사회복지과 동기)이 운영하는 '실비 둥근 세상' 장애아 복지관을 들릴 생각이다.

"대부중학교 건너편 산자락에 있어요."

가르쳐준 대로 더듬다시피 복지관을 찾아갔을 때, Y원장과 함께 중증장애아들(초,중,고 학생)이 반긴다. 누운 채 일어나지도 못하는 아이, 앉아만 있는 아이, 휠체어에 전신을 의지한 아이. 초점을 잃고 중얼거리며 왔다 갔다 하는 아이 등. 몸도 못 가누고 신변처리도 제대로 못 하는 아이들이지만 표정은 해맑다. 아이들 옷매무새와 기거하는 방들도 무척 청결하다. 복지사로서의 사명감과 깊은 사랑으로 기숙, 보육하는 Y원장의 마음이 한눈에 파악된다. 그가 나와 대학 동기란 것이 무척 고맙고 자랑스럽고 존경스럽다.

가슴이 뭉클하여 서 있는 내게 휠체어 탄 소년이 다가오더니 안아 달란다. 뒤따라 고등학생 또래의 예쁜 소녀가 다가와 노래를 부르겠단다. 초등학교 4학년쯤 된 남자아이가 그림을 들고 와 자기가 그린 거라며 자랑스럽게 내 보인다. 이 아이도 저 아이도…, 금세 내 둘레를 에워싸고 한결같이 자기 존재를 인정받고 싶어 하며 사랑을 갈구하는 눈빛이다. 날마다 같이 살아야 할 부모들이 이곳에 맡겨놓고 일주일에 한 번 찾아와 본다니 얼마나 허하고 외롭고 사람이 그리웠으면…!

침대에 누운 채 일어날 수 없는 아이들 곁으로 다가가니 부끄러운 듯 눈을 마주치려 않는다. 나는 몸을 구부리고 뼈만 앙상한 아이들 머리를 쓰다듬는다. 예쁘다고 말해 준다. 잘한다고 칭찬해 준다. 그런 내게 아이들은 마음을 열어 몸을 기대고, 옷자락을 만지고, 손도 꽉 잡고 놓지 않는다. 한 시간여 그들과 함께 하다가 떨어지지 않는 발길로 현관문을 나선다.

"가지 마요! 날마다 와요! 또 와요…!"

이별이 싫고 섭섭한 눈빛들! 눈물을 글썽이며 쫓아 나와 두 팔로 가로막는 아이 …. 어디서 많이 본 듯한 모습들이다. 맞다.

'그가 내 곁을 떠날 때 내가 그랬었다. 오랫동안 오지 않는 그를 기다리는 내 마음이 그랬었다. 홀로 버려진 것 같은 심정을 나는 안다. 나야말로 겉모습 빼고 마음에 큰 구멍이 뚫린 장애인이다.'

나는 뒤돌아보지 않고 황망히 떠난다. 돌아서면 울음이 터질 것 같다. 구멍 난 내 마음에 펴 줄 사랑이 꽉 차면 다시 오리라.

"가끔 오세요. 오셔서 동화구연도 좀 해 주세요. 애들이 참 좋아할 거예요."

Y원장의 배웅을 손짓으로만 답하며 '부르릉' 페달을 밟는다. 스산한 바람이 동행하잔다.

· 선재도의 두 남자

대부도 동쪽과 남쪽을 대충 돌아봤다. 이제 서북쪽에 있는 구봉도와 선착장이 있는 방아머리를 거쳐 시화방조제를 건너면 대부도 관광은 끝이 난다. 그렇지만 안 가보면 서운할 서쪽 '영흥화력발전소' 방향으로 핸들을 돌린다. 20여 분쯤 달렸을까? 대부도와 연결

된 선재대교(550m)를 건넌다. 대교 양편으로 펼쳐진 바다와 작은 섬들이 축소판 남해를 연상시킨다. 잠시 후 인천시 관할이며 옹진군 소재인 선재도에 진입했다. 바닷가의 낡은 집들과 방파제 곁에 떠 있는 작은 고기잡이배가 어촌 기분을 살려준다. 전에는 인천에서 배를 타야만 갈 수 있었던 인적 드문 작은 섬 선재도는 다리 덕분에 차를 타고 맘대로 드나들게 되었다. 경관 좋은 땅은 돈푼께나 있는 외부사람들에 의해 펜션, 전원주택, 모텔, 음식점 등이 우후죽순처럼 돋아나고 있다. 때 묻지 않았던 섬의 경관이 훼손되고 변질되는 게 당연하다. 하지만 격리되다시피 적적하고 불편한 생활을 해왔던 섬사람들에겐 다리 놓인 게 축복이라 여길 수도 있다.

문득 20여 년 전 긴 머리를 뒤로 묶고 안산교육청을 찾아왔던 선재도 남정네가 떠오른다.

"선재도에는 학교가 없어 자녀교육을 못시키고 있으니 교사를 파견시켜 주십시오."

남정네의 간곡한 청은 당시 교육청 여건상 접수하지 못했다. 안타깝고 찜찜했다. 그 후 그 남정네는? 짐작컨대 아이들 교육문제로 선재도를 떠났을 것이라 추측된다.

세월이 많이 흐른 현재의 선재도 아이들은 다리 덕분에 대부도나 영흥도 학교를 맘대로 다니게 되었으니 복 있는 사람은 따로 있구나 싶다.

선재도의 또 한 남자가 떠오른다. 선재도 다리를 건너 조금 가면 길 왼쪽에 '바다향기'란 돌로 지은 집이 있다. 인간극장에 나왔다는 장님어부의 집이다. 그 어부의 아들이 펴낸 「아버지의 바다」란 책 속에 '아버지는 대장장이였고, 목수였고, 운전사이기도 했다. 늘 일밖에 모르던 아버지가 장님이 되었다.'며 아버지 뒤를 이어 어부되기를 바란다는 이야기가 담겼다고 한다.

서해 바닷물이 빠지면 바닷가 장님어부 집 마당 끝에서부터 길이 열린다. 그 길을 따라 20여 분 걸어가면 아주 작은 무인도(목섬)에 도달한다. 장님어부는 그 길을 따라 그물을 쳐 놓고 물이 나갔을 때 그물을 더듬어 걸린 고기를 잡아 생계유지와 세 아들을 키웠다고 한다. 그 아들들이 장성하여 대학교수가 되고, '바다향기' 칼국수 집을 겸한 카페를 운영하는 등 성실한 삶을 살며 장님어부 아버지를 그리고 있다. 불구자임에도 가족을 위해 몸 바친 아버지였으니 어찌 안 그럴까!

다음엔 친구들과 함께 '바다향기'에 들러 해물칼국수를 먹고 걸어서 목섬까지 다녀오리라!

· 축복 받은 여인

"어, 저게 영흥대교잖아. 야경이 무지개 빛깔로 아름답다지? 서해대교를 꼭 닮았네!"

선재도를 벗어나는 순간 영흥도와 연결된 1,250m 길이의 영흥대교가 다가선다. 바다 위를 날아가는 기분으로 대교를 건너자 한산하게 뻗은 영흥도 길이 시원하게 맞아준다. 뒤따라오며 빵빵대는 차도 없으니 핸들 잡은 손도 여유롭다.

300m쯤 직진한 후 영흥면사무소 쪽으로 핸들을 돌려 언덕길을 오른다. 아취를 이룬 가로수언덕길의 풍치가 감성을 뒤흔든다. 유난히 깔끔한 면사무소 앞을 지나 막다른 골목길로 휘어 돌자, 이파리 큰 담장이넝쿨 울타리에 '꾸지나무'란 간판이 걸려 눈길을 끈다. 울타리 너머엔 멋지게 다듬어진 나무들이 해풍을 맞으며 들어차 있다. 들어가 보고 싶다. 어떤 사람이 이 멋진 농장을 가꾸는지? 듣기로는 선재도 '바다향기'집 장님어부의 아들이 가꾸는 거라 하던데…. 궁금증도 풀지 못하고 '꾸지나무' 농장 울타리 끝에 이어진 '비치 펜션' 정문으로 들어선다. 순간 감탄사가 저절로 흘러나온다. 경치 좋다는 유럽 어느 곳 정원이 이보다 아름다우랴!

차 한 잔을 시켜들고 바닷가에 이어진 정원 길을 걷다가 줄지어 늘어선 소나무그늘 벤치에 앉아 본다. 석양빛 깔린 바다 위를 헐떡이며 달려온 해풍이 품을 파고든다. 해풍은 소나무가지들도 흔들어 솔바람을 일으킨다. 그 솔바람이 영흥대교가 놓이기 훨씬 전, 교통수단이라곤 작은 배뿐이던 지난 날 '치유불가'로 선고 받은 B여인의 폐병을 깨끗이 고쳐 주었다지? 하나님 은혜라 여긴 B여인은 땅

값도 싸고 인적도 드문 외진 섬, 소나무만 우거진 이곳 바닷가 한 귀퉁이를 사들여 지금의 '비치 펜션'을 세웠다지? 신부님, 수녀님 피정장소로도 제공하면서…. 잘 살고 못사는 건 하늘이 낸다 했던가! 2001년 영흥대교가 놓이자 관광객이 몰려들고 땅값이 치솟아 갑자기 B여인은 관광명소 주인으로 부상했다니 건강과 재물 축복을 한꺼번에 받은 여인 아닌가!

"잘 계셔요. 봄에 다시 올게요."

'비치 펜션'을 뒤로하고 시원한 바람을 헤치며 더 서쪽으로 달려간다. 석탄재를 활용하여 전기를 일으킨다는 '영흥화력발전소'에 가 볼 생각에서다. 미리 견학신청을 하지 않으면 발전소 안을 볼 수 없다기에 인근 야산에 올라 먼발치로 발전소 전경을 내려다본다. 참 거대하다.

이제 어디로 갈까? 솔밭이 아름다운 장경포 해수욕장으로? 십리포 해수욕장으로? 하지만 해도 저물고 수영도 못하니 그냥 가자. 오늘만 날인가. 나는 부랴사랴 영흥도를 벗어나 대부도 서북쪽의 구봉도와 방아머리를 스쳐 오이도와 연결된 30리 시화방조제 길을 건넌다.

떨어지지 않던 외로움을 대부도 앞바다에 툭툭 털어버리고 귀가하는 마음이 산뜻하다. 어느 것에도 얽매임 없이 건강한 몸으로 돌아다닐 수 있는 나야말로 축복받은 여인 아닌가!

내 고향은

고향이 어디냐고 내게 묻는다.

"인천입니다" 했더니 냉큼 되받아 "짠물이시군" 한다. 풀어 말해 인색하다는 뜻이다.

베푸는 손길이 얼마나 후덕한 여인인데…, 어이하여 인천사람을 짠물이라 하는지?

인천의 역사를 더듬어 본다.

원삼국시대 초기에 고구려의 영토 미추홀이 있었다. 그 미추홀이 인천의 옛 명칭이다.

미추홀은 고구려 동명성왕의 아들 비류와 온조가 패수(沛水)와 대

(1883년 인천항 개항당시)

수(大水)를 건너 남하한 후 형 비류가 도읍지로 정착했다가 물이 짜고 지형이 적당치 않아 떠나버린 곳이다.

고구려시대에는 매소홀이라 불렸고, 후기 신라의 영토가 된 후 경덕왕 16년(757)에 한자식 이름을 따 소성현(邵城縣)으로 불렸다.

고려 숙종(1095~1105)에 이르러서는 어머니 인예(仁睿) 순덕태후의 고향이라 하여 경원군(慶源郡)으로 승격, 그 뒤 인종(1122~1146) 때에는 어머니 순덕왕후(仁州李氏)의 고향이 됨으로 '인주(仁州)'로 개칭되었다.

고려 말 공양왕 2년(1390)에 이르러 인천이 7대 어향(御鄕), 문종에서 인종에 이르는 7대 동안 왕의 외향, 왕비의 고향이기 때문에 경원부로 개칭, 승격했다.

그러나 조선 초기 태조원년(1392)에 인주(仁州)로 환원, 태종 13년(1413)에는 인주(仁州)가 물에 가깝다하여 인천(仁川)으로 바뀌어 오늘까지 불린다.

따라서 인천의 명칭은 '어진내(仁川)'에서 비롯된 것이 아니라 인주이씨(仁州李氏)에서 유래되었음을 알 수 있다.

반면 인천은 정세로나 지역적으로나 수난과 고난을 쉴 새 없이 겪은 곳이다.

고려시대의 수도 개성에 인접. 외세와 밀접한 해양교통의 요충지. 잦은 외세의 침략. 그를 피하려고 병자호란 이후 강화도로 들어가는 우회로 확보를 위해 제물진 구축. 숙종 때에는 제물진 앞 월미도에 행궁을 설치하고 방어를 강화했다.

병인양요, 신미양요와 운요호 사건을 거쳤고, 제물포조약 체결 6년 후 제물포가 개항되어 청나라와 일본의 조계지와 서양 여러 나라의 영사관이 제물포에 들어섰다.

제물포를 통한 교역 대상국은 청나라가 압도적이었으나 청일전쟁 이후 일본이 주도권을 쥐게 됨으로 1906년 내항을 축조 항구를 확장, 일제식민통치의 중요한 항구가 되었다.

일본은 인천 곳곳의 지명을 일본식으로 바꾸고 창씨개명도 강요했다. 해방 이후 '정명개정위원회'가 구성되어 일본식 이름을 소거했지만 지금도 남아 있는 지명들이 있다.

그 시절 어린 내가 살던 마을은 도마다리였고, 내 이름은 다까다 겐꼬였다. 더 살펴보면 인천은 중일전쟁 이후 계속되는 전쟁 군수 산업단지의 역할을 했다.

1945년 제2차 세계대전이 끝나 일본은 물러갔으나 미군이 인천항을 통해 상륙하였다.

1950년에는 6·25 전쟁의 수세에 밀려 전 국토가 아비규환 속을 헤맬 때 맥아더장군이 이끈 연합군 함대가 인천항을 통해 9월 15일 상륙작전을 펼치면서 쏘아대던 함포사격은 인천을 뒤흔들고 인천시민을 초죽음 속에 떨게 했다. 덕분에 9월 18일 서울을 수복하고 북진할 수 있었으며 휴전이 성립된 후 오늘까지 전쟁 없는 시대를 살게 됐다.

인천은 60년대와 70년대를 거쳐 여전히 수도권의 주요 수출입 항만으로 존립 확장하면서 근대 산업화에 편승, 각지에 공업단지를 조성하고 국력신장에 앞장서고 있다.

뿐만 아니라 세계 제일의 인천공항과 아시안 올림픽 경기장도 설치해 글로벌시대를 활짝 열어주고 있으며, 염전과 짠물이 주류를 이루었던 해안을 간척하여 유럽 빰치는 신도시 문화를 형성했다. 행정구역도 8개의 구와 2개의 군으로, 인구 약 300만 명에 이르는 광역시가 되어 과거 살벌한 역사의 수난과 고난을 겪은 지역답지 않게 살기 좋고 눈부시게 발전한 곳임에 두 눈이 휘둥그레진다. 넓게 펼쳐진 바다와 해안은 앞으로도 계속 발전할 곳임을 알려준다.

이상의 역사적 흐름으로 보아 인천은 지형상 삼국시대부터 고구려도 되고, 백제도 되고, 신라도 되는 등. 편할 날 없이 내란에 흔들렸고, 외세의 침략과 식민통치의 요새, 전쟁 물품 수송, 외교 통상, 수출입 통로로 항상 불안하고 부산스런 정세에 시달렸다. 이곳에서 살아남으려면 무엇보다 식량 비축이 필수였을 게다. 들키면 빼앗기고 잡혀가 억압당하니 움켜쥐고 숨길 수밖에. 특히 인천과 인접한 개성, 강화사람들이 그 흐름 속을 힘들게 살아냈고 물도 짠 고장이니 이래저래 인천은 짠물 신세를 면키 어려웠을 것이다. 그렇다고 인천 사람들을 통틀어 '짠물'이라 하면 기분이 껄끄럽고 서운하다.

나는 6·25 전쟁 발발 몇 해 전, 인천의 한 귀퉁이 '청댓골(지금의 도화동)'이란 마을에서 태어났다.

'청댓골'을 감싸고 있는 수봉산은 큰 홍수 때 여우가 서쪽바다에서 떠안고 내려왔다는 전설이 있다. '청댓골'에서 작은 언덕을 넘으면 제법 골이 깊은 '여우실'이란 마을이 있었는데 그곳이 수봉산을 떠안고 내려온 여우가 살던 곳이라 생각했다.

수봉산은 규모는 작지만 산이 갖추어야 할 조건은 다 갖추고 있어 어린 시절 숲속에서 자연과 벗하며 놀 수 있었던 최적의 환경이었다. 산꼭대기에 오르면 끝없이 넓게 펼쳐진 서해바다가 한눈에 내려다보여 어린 시절임에도 노을이 불타는 수평선 너머 멀리까지 광활한 꿈을 펼치곤 했다. 갯벌이 가까워 밀물과 썰물을 틈타 조개도 캐고 달랑게와 망둥이를 잡았으며, 수차를 밟던 염부들의 모습과 달 밝은 밤 바닷바람에 나부끼는 은빛갈대의 물결을 바라보던 정취를 잊을 수 없다.

경인가도를 달리던 군용트럭, 미군이 탄 지프차 등 그 외 시내의 인분을 퍼 나르던 소달구지 행렬, 공항을 향해 나르는 여객기, 마을 아래로 펼쳐진 논밭에서 자라는 곡식들. 새가 지저귀고 곤충들이 날던 '청댓골'은 전쟁과 하늘과 바다와 육지와 산을 골고루 경험케 하고 서정적 꿈을 키워준 곳이다. 명절이면 하얗게 늙은 노모가 나를 기다려 주던 집이 있던 곳. 엄마 품처럼 나를 품어주고 키워준 그곳이 있었기에 오늘의 내가 있는 것이니 얼마나 소중하고 고마운 곳인가.

지금은 아파트로 둘러싸여 수봉산과 '청댓골' 옛 면모를 찾을 길 없다. 꿈속에서만 아련히 떠오르는 그리운 내 고향 마을. 그곳을 품고 있는 인천 영원히 건재하길 바라고 바란다.

에베소에 핀 들꽃무리

피플 컬 허 라쿰파르 씨타♪♬/ 바펜시에 로 술라 리도 라떼?♩

터키 선교여행팀에 섞인 내가 원어로 된 노래를 연습했다. 무디어진 눈동자와 혀가 잘 돌아가지 않았다. '70이 넘은 고령자가 무슨 선교 여행?' 그럴까 봐 눈치가 보이는데 노래까지 얼버무리니… 이래가지고 터키 야외무대에서 어떻게 공연을 하지? 그뿐인가, 마라톤 행사에도 참여해야 한다니 나이 때문에 십중팔구 뛰다 죽지 싶었다. 아무래도 내가 선교 팀에 흠을 낼 것 같아 여행을 포기할까? 아직 안 죽었는데. 갈등 끝에 터키행 비행기에 몸을 실었다.

12시간 후 이스탄불 아타투르크 공항에 착륙했을 때 넓은 벌 가득 노란색이 아닌 하얀 유채꽃무리가 시선을 끌었다.

“터키 빵 맛과 가파도키아 비경이 기가 막힙니다. 쉬린제 마을의 아기자기함과 피에르롯티 언덕에 올라 차 한 잔 마시며 이스탄불을 감상하는 멋도 일품이지요.”

현지 가이드 J선교사의 말 대로 터키는 신(神)이 내려 준 자연문화유산이 무궁무진해 부러웠다. 허나 우리는 주님 뜻을 좀더 깊이 알고 주님의 이름을 널리 펼치는 일에 중점을 두고 사도바울의 행적을 의미 깊게 탐색하며 움직였다.

허망하게도 기독교가 성행했던 흔적, 사도바울이 세운 일곱 교회의 흔적은 폐허로 남거나 사라지고 없었다. 흙에 묻혀 동산처럼 된 ‘더베’ 언덕을 들꽃무리가 뒤덮고 주인처럼 방끗거렸다. 허탈하게 서 있는 우리들 머리 위로 ‘너희들이 내 길을 열라.’는 주님의 계시인 양 비행기 한 대가 하얀 길을 내며 창공을 날았다.

사도바울이 전도를 위해 걸었던 길! 안디옥과 골로새, 에베소를 향한 길, 험난한 계곡을 끼고 굽이굽이 이어져 금방 산적이 튀어나올 것 같은 외진 길, 버스를 타고 온종일 가도 끝이 안 보이는 산길을 땀 벅벅이 되어 걸었을 사도바울 모습이 어른거려 가슴이 아렸다.

에베소 야외공연장에 도착했을 때 우리의 공연을 알리는 「요한 카니발」이란 현수막이 우리를 반겼다.

드디어 공연 시간, 준비해 간 노래를 열성껏 부르자 공연장에 가득 찬 관람객들의 박수갈채가 어둔 하늘을 흔들었다. 그러나 이튿날, 이스람교가 주종교인 터키 관청의 방해 공작으로 더 많을 것이라 기대했던 관람객 수가 확 줄어 우리의 어깨를 축 처지게 했다. 그럼에도 다음 날 우리는 마라톤 행사를 진행했다. 예상 외로 많은 시민들이 참가했다. 노래와 운동을 좋아하는 것은 세계 어느 나라 국민이나 마찬가지인 것 같았다.

'아, 그래서 우리 선교팀 리더들이 노래와 마라톤을 전도의 도구로 준비해 온 거였구나!' 깨달은 나는 포기하려던 7km 마라톤 거리를 기어서라도 완주하기로 결심했다.

비척거리는 내 걸음이, 더듬거리는 내 혓바닥의 여운이 예수님의 이름을 이 땅 위에 다시 피워 올릴 수만 있다면! 폐허의 주인이 되어 활짝 웃고 있는 들꽃무리처럼 예수님 이름을 이 땅 가득 피워 올릴 수만 있다면!

나는 한 발짝 한 발짝 힘주어 내딛었다. 비척비척 내딛는 걸음걸음마다 예수님 이름이 송이송이 피어나길 간구하며 결승선을 향해 쉬지 않고 걸었다. 숨이 찼다. 땀과 눈물이 줄줄 흘렀다. 드디어 결승선 꼴인! 꼴찌인데도 짝짝짝…!

정성껏 심고 온 우리 선교팀의 힘찬 노랫소리와 발자국에 하나님의 영광과 가호가 넘쳐, 예수님 이름이 터키 땅 가득 들꽃무리처럼 만발하길 손 모아 기도한다.

작년에 웃고 있던 엉겅퀴

겨울나기에 기진한 산과 들을 연초록 봄바람이 어루만진다.

노란 개나리꽃과 민들레꽃이 눈부시게 웃고 벚꽃이 팝콘처럼 터진다. 나는 꽃길을 걸으며 콧노래를 부른다. 그렇게 4월과 5월을 보내고 6월을 맞았다. 불현듯 작년 뒷산에서 보았던 보랏빛 엉겅퀴꽃이 떠오른다. 가시로 무장하고 당당하게 웃고 있던 꽃, 올해도 그 자리에 피었겠지?

엉겅퀴는 스코틀랜드 국화다. 장미꽃처럼 예쁘지도 않고 향기도 별로인 풀꽃을 국화로 삼다니? 그 이유가 궁금했다.

옛날, 덴마크가 스코틀랜드를 침입하여 전쟁을 일으켰다. 칠흑 같은 밤, 가시 돋친 엉겅퀴가 가득 찬 들판을 가로질러 쳐들어오던 덴마크 군사들이 "앗, 따거!" 비명을 지르며 정신없이 비틀댔다. 그 틈에 스코틀랜드 군이 역습하여 대승을 거두었다. 엉겅퀴 때문에 나라를 구한 것이다. 하여 그 후 엉겅퀴를 국화로 삼았다고 한다.

그런 꽃이라 더 살펴보고 싶어 뒷산에 올랐지만 작년에 무더기로 피어 있던 곳에 엉겅퀴는 한 포기도 없었다. 엉겅퀴 뿌리가 여러 가지 병을 낫게 한다는 방송을 보고 누가 뿌리째 뽑아간 모양이다. 주변에서 방글거리던 민들레도 마찬가지다. 무엇이든 몸에 좋다는 방송만 나오면 금세 품귀현상이 벌어진다. 이러다가 모든 풀꽃들이 멸종될까 걱정이다.

풀과 꽃이 없는 세상은 얼마나 삭막할까! 먹이사슬이 끊겨 각종 동식물이 멸종되고 지구도 멸망할까 두렵다. 생존의 근원이며 지구 보호막인 풀꽃들을 뿌리째 뽑아 먹다니! 그뿐인가. 반만 년 긴 세월 외세의 침략에 시달리고 민족이 갈리어 혼돈과 고통을 겪고 있는 지금, 통일을 이루기 위해 애쓰기보다 자신의 권익과 영달을 위해 나라와 민심을 뒤흔드는 사람들도 많다.

엉겅퀴 같은 풀꽃도 나라를 구했는데…, 과연 너는? 가슴에 손을 얹는다.

'제자리에 돌려놓자. 다시 웃을 수 있게!'

새롭게 다짐하며 엉겅퀴 씨를 찾아 발길을 돌린다. 눈에 띄는 대로 민들레 씨와 그 외의 풀꽃 씨도 받아 뒷산과 마을 곳곳에 뿌려 보자. 내친 김에 내 가슴속에도 나라 위한 풀꽃 씨 하나 심어 놓자. 내년 봄, 엉겅퀴가 뒷산에서 다시 웃고 산과 들에 풀꽃이 가득 차면, 나도 아름답고 예쁜 내 나라 꽃길을 걸으며 콧노래를 부를 것이다.

빵 한 조각 속에

'3일 굶어 도둑질 안 하는 사람 없다.' '굶기를 밥 먹듯 한다.'란 옛말은 우리 선조들의 가난과 배고픈 삶을 조명한 말 같다.

60년대까지 우리네 부모들은 물로 배를 채우면서도 자식들만은 굶기지 않으려고 추수 끝낸 보리밭에서 한 줌 이삭을 줍고, 다 캔 감자밭을 뒤져 콩알만한 감자도 줍고, 부잣집 허드렛일 해주고 남은 음식이나 소량의 곡식을 얻는 등 흘린 밥알 한 톨까지 아까워했다.

살기 위해 풀뿌리, 나무껍질, 새, 곤충, 뱀, 개구리 등 먹을 수 있는 거라면 가리지 않고 먹고 살았어도 영양실조로 쓰러지는 아이들이 많았다. 늘 굶주리니 살찐 사람이 있을 리 없었다. 배 나온 중국집 짱깨가 선망의 대상이었다.

그 와중에도 끼니때 굴뚝에서 연기가 안 나는 집은 굶는 줄 알고 멀건 죽이라도 끓인 집에서 조금 나눠주어 허기를 면케 했다. 다리 밑이나 땅굴 속에 기거하며 누더기에 깡통 하나 걸치고 문전걸식하는 거지에게 밥 한술씩 보태는 모습을 날마다 볼 수 있었다.

수도가 없던 시절이라 물도 귀했다. 우물에서 한두 통 길어다 밥과 설거지만 겨우 했다. 빨래는 냇물이나 연못물로, 겨울에는 얼음을 깨고 손빨래를 했다. 목욕도 여름 냇물에서 하고, 결혼하기 전날에나 하는 등 제대로 씻지 못한 몸에 때와 벌레(이)가 진을 치고 살았다.

집도 허술한 초가집인데다 문화수준, 생활수준, 교육수준도 미개하니 얕보고 강탈하려는 외세 침략이 잦았다. 이에 선조들은 목숨 바쳐 항거하며 나라를 지켰다. 그렇게 지킨 나라가 지금 두 쪽이 나있다. 편 가르기 좋아하는 국민들 습성 때문인가?

4352년의 역사 속에 하나로 통일됐던 때는 몇 년이나 될까? 말하기조차 부끄럽고 속상하다. 천만다행으로 지금은 경제수준이 세계 11위의 부강한 나라가 되어 굶을 일 없고 여러모로 편히 살게 되었는데 왜 날마다 눈만 뜨면 권력다툼, 사리사욕, 편 가르기 등등 헐뜯고 싸우는지?

성경에 일하기 싫으면 먹지도 말라는 말이 있는데 일도 제대로 안 하면서 편한 일자리나 찾고, 그만하면 생활고는 없겠다 싶은데도 뭘 더 먹고 뭘 더 갖겠다고 머리에 띠 두르고 투쟁인지?

효를 근본으로 삼고 허리끈 졸라매며 애지중지 키운 자식들이 부모를 등한시한다. 모시고 살지도 않고 돈을 벌어다 바친 일도 없으면서 부모가 땀 흘려 모은 재산을 제 것인 양, 안 준다고 원망하며 때리고 죽이기도 한다. 이런 모습 TV에 비친 걸 보면서 상속법을 유언제로 고쳤으면 좋겠다는 생각이 들었다.

며칠 전 TV에서 '동티모르' 사람들의 생활상을 방영했다. 우리 남한의 6분의 1 정도의 작은 나라로 인구는 123만 명, GDP는154위, 국민 소득은 1인당 1280달러 수준으로 세계 하위권에 속한다. 또 400여 년간 포르투갈의 지배를 받다가 1975년에 인도네시아로 강제 편입 당한 후 2002년에야 인도네시아로부터 완전 독립이 된 나라다. 역사적 상황이 우리나라와 흡사하다.

특별히 동티모르의 '모바라우' 학교 학생들의 급식 상황은 60년대 이전 우리나라처럼 아침도 굶고 등교한 학생들이 학교에서 주는 빈약한 한 끼 급식을 받아먹고 하루를 지탱한다. 그나마 정부 예산이 없어 급식을 중단하자 빈혈로 쓰러지는 학생들이 많다.

그들 부모는 척박한 땅에 농사를 짓거나 물고기를 잡아 어렵게 생계를 이어간다. 자녀를 학교에 보내고 싶은데 돈이 없어 초등학교도 못 보내는 집이 허다하다. 원시시대에나 볼법한 움막집 안 흙바닥에서 자고 먹으며 거지 같은 생활을 한다. 위생 상태가 말이 아니다. 그런 환경에서도 어찌어찌 먹을 것을 구해 오면 온 식구가 둘러앉아 화기애애하게 나눠 먹으며 행복해한다. 예전 우리들 모습이며 그 시대를 살아온 내 모습 같아 가슴이 먹먹하다.

가난하지만 '동티모르' 정치인의 태도가 수준급이다. 배고픈 학생들을 위해 전전긍긍하던 노동부장관이 직접 우리나라에 도움을 요청하러 왔다. 이에 우리나라 모 베이커리 회사가 굶주리는 '모바라우' 학생들에게 점심에 빵을, 그 지역에는 제빵 시설과 기술지원을 선언하고 나섰다. 참 좋은 일이다.

우리 대한민국에도 온정 깊고 베푸는 일에 발 벗고 나서는 국민이 많다는 점에 가슴이 훈훈히 녹아내린다. 자랑스럽다.

지금은 지원을 받고 있는 동티모르지만 머지않아 우리나라처럼 잘 사는 나라가 될 것이라 믿는다. 잘 살게 된 후 분열과 모략중상, 싸움질하는 나라는 되지 말았으면 좋겠다. 빵 한 조각 속에 행복과 평화만 길이길이 이어가길 기원한다.

미움의 늪

배신과 기만, 위장 된 교활함까지 갖추고 내 가슴에 비수를 꽂다니! 너에게 준 사랑이 얼마나 지고지순했는데!

너무 밉고 아파 가슴을 움켜쥐고 뭉크의 「절규」를 전신에 오버랩 시킨다. 목구멍을 뚫고 솟구치는 분노를 혀 깨물며 삼키다가 그래도 분하고 억울해서 "죽이고 싶어! 죽일 거야!" 소리소리 지르며 미움의 늪에 빠져 몸부림치는 나에게

"참는 자가 복이 있단다. 좋은 게 좋은 거야, 우리가 살면 얼마나 살겠냐? 남은 인생 둥글둥글 살다 가!"라고 말하는 너, 내 입장이 돼도 요런 소릴 할까? 가슴에 피멍이 들도록 참고 참았는데 살

날이 얼마 안 남았으니 더 참으라고? 평생 참고 산 것도 억울한데 쥐꼬리만큼 남은 생까지 개념 없이 두루뭉술하게 살다 가라고? 그런 너는 지난번에 시아버지 유산 탐낸 동서가 밉다고 왜 입에 거품을 물고 미워했지? 그 깐 유산, 내 가슴에 꽂힌 비수에 비하면 새발에 피다. 이럴 때는 요런 동조자가 그리운 법이다.

"왜 참니? 옆에서 듣기만 해도 치가 떨린다. 내가 대신 죽여주든지 밟아 버리든지 해줄 테니 맘 가라앉히고 기다려라." 그러면서 두 주먹 불끈 쥐고 달려 나가는 친구가 있다면 나는 절대로 미움의 늪에 빠져 있지 않을 거다. 그런데 그런 동조자가 없다.

혼자 속을 끓이다 기력이 쇠진한 나는 스스로 미움의 늪에서 빠져나오려고 기를 써본다. 하지만 누가 밧줄로 몸을 묶어 끌어내주지 않는 한, 한 치도 미움의 늪을 빠져나오지 못할 것 같다. 아~ 너무 괴롭다. 기진맥진, 일그러진 모습으로 미움의 늪에 빠진 채 눈을 감아 버린다. 그리고 미움의 늪에 빠진 원인을 생각해 본다.

준 것 만큼 받지 못한 서운함? 높여줬는데 비하당한 모멸감? 섬긴 나를 제쳐놓고 다른 사람과 어울린 배신감? 질투심…?

요약컨대 추구했던 만큼 충족감을 얻지 못한 불만감, 타산적인 이기심과 욕심, 그것들이 뭉쳐 미움의 늪을 이룬 것이다. 결국 미움의 늪은 나 자신이 만든 것이며, 내가 만든 늪에 빠져 허우적댄 꼴이다.

'오~, 타산적이고 탐욕덩어리이며 오만이 하늘을 찌르는 너, 냉큼 껍질을 벗고 청빈과 겸손과 낮음의 옷으로 갈아입으라. 그러면 네 몸이 작아져 미움의 늪에서 쉽게 빠져 나올 것이다.'

누군지는 모르지만 망연자실, 혼미해진 내 머릿속을 휘젓는다.

나는 벌겋게 닳아 오른 얼굴을 가리고 마음속 탐욕들을 하나씩 끄집어 내버린다. 비로소 미움의 늪에 빠져 요동치던 마음에 고요가 내린다. 평화가 깃든다. 탁했던 영혼이 맑아지고 있다.

행복하려면

연말이 되면 '건강하고 행복하세요.'란 인사말을 많이 주고받는다. 그만큼 인생에서 건강과 행복을 중요시하기 때문일 것이다.

건강은 아프지만 않으면 된다. 그러나 '행복하세요!'란 말에 '글쎄요.'란 대답을 했다면 행복보다 불행한 쪽으로 생각이 치우쳐 있다고 느껴진다. 이런 사람은 즐거움보다 우울함이, 만족보다 불만족을 더 느끼며 살 것 같다.

어느 기업가의 집에 가정부가 있었다. 하루는 기업가가 부엌 근처를 지나다가 가정부가 중얼거리는 소리를 들었다.

"오만 원만 있으면 행복할 텐데!" 계속 반복하는 가정부의 중얼

거림에

"오만 원만 있으면 정말 행복할 겁니까?"라고 묻자 가정부는 거침없이

"예!"라고 대답을 했다. "그렇다면!" 하고 기업가가 즉석에서 주머니 속 오만 원을 꺼내 가정부에게 주었다. 잠시 후 정원으로 나간 기업가의 귀에 가정부의 중얼거리는 소리가 다시 들렸다.

"에구, 오만 원이라 하지 말고 십만 원이라고 할 걸, 그랬으면 더 행복했을 텐데!"였다.

가정부의 마음엔 십만 원이 아니라 더 많은 돈을 줘도 만족감보다 부족감이 가득 차 평생 행복감은 맛보지 못 할 것이다.

며칠 전 친구가 점심을 차려 놓고 나를 기다렸다. 고맙게 달려가 친구가 만들어 놓은 음식을 먹어보니 깊은 맛도 없고 간도 안 맞았다. '음식도 되게 못 만드네!' 속으로 생각하며 억지로 젓가락질을 하는 내 앞에서 친구가 벙글거리며 말했다.

"맛있지? TV에서 본 대로 만들었는데 맛있게 잘 만들어진 것 같아. 많이 먹어!"

친구는 자기가 만든 음식에 만족감을 느끼며 행복한 얼굴로 많이 먹으라고 권했다. 하지만 나는 벙글거리는 친구의 얼굴까지 맛없게 느껴졌다. 그러니 속이 편할 리가 없다. 비상용 소화제를 친구 몰래 가방에서 꺼내 먹은 후 "잘 먹었다." 헛소리를 하고 돌아

왔다.

머릿속까지 떨떠름했다. 만족감 모르는 내 입맛으로 인한 불행한 날이었다. 헌데 며칠이 지나도록 별 것도 아닌 음식을 먹으며 벙글거리던 친구의 얼굴이 떠나지 않는다.

나도 그런 벙글거림을 닮아야 일상이 행복할 것 아닌가.

5부

너는 참 좋겠다

밤도깨비 낮도깨비

외곽 진 곳, 캄캄한 밤길을 가다가 소스라치게 놀랐다. 시퍼런 형광 불빛 띤 얼굴이 내 앞으로 다가오고 있기 때문이었다. '귀신? 도깨비?' 놀라 소리도 못 지르고 얼어붙었다. 심장박동이 멎은 듯했다. 온몸에 소름이 좍 돋았다. 나는 벌벌 떨면서 그 자리에 딱 서고 말았다.

시퍼런 형광 빛 얼굴이 내 바로 앞에 다가왔다. 뭐라고 지껄이면서…, 그 형체는 얼어붙은 듯 서 있는 내 곁을 지나갔다. 언뜻 옆 모습이 눈에 들어왔다. 머리를 길게 늘인 아가씨가 스마트폰을 들여다보며 밤길을 걷는 모습이었다. 흰 옷만 입었더라면 영락없는 귀신 모습이었다. '후유! 진짜 귀신인 줄 알았잖아! 도깨비불도 스마트폰 빛처럼 시퍼럴까?' 나는 놀란 정신을 수습하며 다시 밤길을 가기 시작했다.

그 후 또 놀란 일이 있다. 사촌동생과 평창에 가 하룻밤을 한 방에서 잘 때였다. 새벽잠이 없는 내가 2시쯤 눈을 떴을 때, 내 옆자리에 시퍼런 형광불빛 얼굴이 있는 게 아닌가! 나는 '으악!' 소리를 지르며 벌떡 일어나 앉았다.

"언니, 왜 그래? 나쁜 꿈 꿨어?"

그 때까지 잠도 안자고 스마트폰을 들여다보며 놀고 있는 사촌동생 얼굴이었다.

"제발 캄캄한 밤중에는 스마트폰 들여다보지 마라! 심장 약한 사람 죽이겠다."

한마디 하며 눈을 감았지만 만화로 본 외계인 얼굴이 떠오르고 전설의 고향에 나오는 귀신 모습도 떠올라 날이 밝도록 잠을 설쳤다.

외계인도 귀신도 나에겐 무서운 모습의 정상이 아닌 얼굴로 각인되어 있다. 그런 모습들이 밖에만 나가면 대낮에도 보인다. 날이 갈수록 그 숫자는 점점 늘어나 가는 곳마다 볼 수 있다. 이젠 하도 많이 보아 무섭지는 않은데 바삐 가는 발길을 방해할 땐 짜증이 난다. 확 밀어 버리고 싶다.

오늘 나는 가곡교실로 노래를 부르러 가기 위해 즐거운 발길을 내딛었다. 지하철 4호선을 타고 사당까지, 2호선으로 갈아타고 교대역까지, 다시 3호선으로 갈아타고 압구정역까지 장장 1시간 40여 분간 지하철 노선을 이용한다.

지하철 안에 들어서면 자리에 앉아 있는 이들이나 서 있는 이들 거의가 고개를 꺾은 채 스마트폰만 들여다보고 있다. 지하철을 벗어난 후 지각을 면하기 위해 급히 걸어가는 내 앞에서도 스마트폰을 귀에 대거나 들여다보며 어기적어기적 행보를 방해하는 이들이 허다하다. 모두 외계인 같다. 아니, 밤낮을 안 가리는 도깨비들 같다. 밤에는 밤도깨비 낮에는 낮도깨비들. 옛날도 아닌데 웬 도깨비들이 이리 많을까. 사방천지 스마트폰 도깨비들이 판을 친다.

떨어지는 꽃잎을 보며

벚꽃이 팝콘처럼 터지고 있다. 온통 핑크빛인 창밖을 내다보며 내 마음도 벚꽃처럼 터지고 있다. 이런 날 어찌 칙칙한 집안에 갇혀 있으랴! 간편복 차림으로 휘적휘적 벚꽃 길을 걷는다.

까치들이 꽃가지 사이를 날며 수다를 떨고, 작은 새들은 맑은 소리로 노래를 한다. 내 입에서는 토셀리의 세레나데가 저절로 흘러나온다.

사랑의 노래 들려온다.
옛날을 말하는가 기쁜 우리 젊은 날….

흥얼거리며 꽃길을 걷는 발걸음이 날아갈 듯 리드미컬하다. 혼자 걷기가 아깝다. 혼자라는 생각이 들자 꽃길임에도 갑자기 쓸쓸하게 느껴진다.

봄 날씨는 내 마음과 같다. 밤새 비바람이다. 만개의 찬란함이 고작 하루만으로 끝나려나 보다. 날이 밝자마자 창문을 열고 밖을 내다본다.

'아, 진창으로 떨어져 뒹구는 꽃잎, 꽃잎, 꽃잎들…. 만개의 절정을 끝까지 못 누리고 하루 만에 떨어져 버리다니!'

꽃샘바람은 한 송이의 꽃도 남기지 않으려는 듯 계속 나뭇가지를 흔들고 있다. 꽃잎들이 눈발처럼 흩날린다. 갑자기 목젖 아래가 알싸해진다. 울컥 솟구치는 서러움은 떨어진 꽃잎들에 대한 애도의 표시라 해 두자.

내 눈에 비친 녀석들은 막 피어나는 꽃망울이었다. 나이 겨우 십칠팔 세의 미성년 재소자. 그 꽃망울 같은 청소년 일곱 명이 내 앞에 나타났다. 나는 8주 동안 문학작품을 통해 녀석들의 심성교화 교육을 하기로 했다.

첫 시간에 낯선 녀석들 앞에 서먹한 마음으로 섰다. 녀석들 시선이 잠시 내게로 향했다.

'이 시(詩)의 의미는? 이 수필 내용은? 이 동화의 주인공 성격

은….'

강의하는 내 입만 아프다. 집중을 않고 제멋대로인 녀석들 수업 태도가 민망하다.

나는 참을 인(忍) 자를 가슴 깊이 새기며 녀석들 이름 뒤에 씨자를 붙여 존댓말을 썼다.

"아무개씨, ㅇㅇ씨, 이 시를 읽어 보세요."

예우하는 말투에 적응이 안 되는지? 녀석들 반응이 황당했다.

"왜 나한테 씨자를 붙여요? 쫄았어요?"

노스승에게 이 무슨 말버릇인가? 나는 더 큰 참을 인(忍) 자를 대못 박듯 가슴에 박으며 말투를 그들에 맞춰 확 바꾸었다.

"야, 이 녀석아. 얼른 읽어! 너도!"

금세 반응이 왔다.

"읽으면 뭐 줄 건대요?"

"뭘 주다니…? 뭘 주면 좋겠어?"

"치킨이요. 피자요. 초콜릿이요. T셔츠요. 반바지요. 예쁜 편지지하고 꽃봉투요…."

한도 끝도 없이 갖고 싶고 먹고 싶은 것투성이다. 무엇으로 얼마만큼 채워줘야 이 녀석들 빈 마음이 찰 것인가! 애련하다. 꽃 편지지를 갖고 싶어 하는 마음만은 여리고 예쁘다.

"넌 겉보기와 달리 마음이 참 곱고 예쁘구나."

등까지 토닥이며 사랑을 담아 던진 이 한 마디가 황폐하고 텅 빈 녀석의 마음을 뜨겁게 했나보다. 금세 녀석의 눈시울이 빨개지는 걸 보았다.

사랑이다. 거칠고 텅 빈 녀석들 가슴에 또 내 가슴에, 채워 줘야 할 것은 사랑이다. 사랑뿐이다.

칭찬을 곁들여 달래고 다독이며 힘들게 8주가 지났다. 그동안 재판을 마친 녀석들은 형기를 받고 K소년원으로 이송되어 갔다. 내 눈에는 떠나는 녀석들 모습이 비 오는 날 만개의 절정도 못 누리고 떨어지던 꽃잎처럼 보였다. 가엽고 애처롭다. 따라가 품어 안고 한없는 사랑을 퍼 주고 싶은데…. 눈시울을 적시며 그들을 향해 손을 흔든다.

'얘들아, 떨어져 비에 젖는 꽃잎처럼 되지 말고 당당한 청년으로 피어나거라!'

중독시대 단상

"뭐? Y가 또 들어왔다고?"

Y는 본드 흡입 중독 상태에서 절도범이 된 재소자였다. 5년 전 교도소 한글 반에서 만났을 때 정신이 맑지 못한 상태로 늘 횡설수설했다. 그랬던 그가 한글을 깨우치면서 성경책을 읽고, 시를 쓰고, 발표력도 늘고 마음과 행동을 성실하게 다져갔다. 마침내 형기를 마치던 날 '다시는 범법자가 되지 않겠다.' 다짐하며 출소를 한 것이 3년 전 일이다. 그 후 나는 가끔씩 세상에서의 그의 생활이 궁금했다. 희망대로 심마니가 되어 심신을 다지며 산을 타고 있으려니 믿고 또 믿었다. 그랬던 그가 다시 범법자가 되어 교도소로

돌아온 것이다.

"왜, 또 들어왔대요?"

"절도로요. 동생 빚 갚아주려고…. 맨 정신으론 할 수가 없어서."

Y의 어이없는 범법 동기를 듣고 마음이 답답하다.

어제는 탤런트 K씨가 또 마약(필로폰)을 투약하여 검거됐다는 보도다. 며칠 후면 집행유예기간이 끝난다는데 그걸 못 참고…. 이유는 연예인으로서 정상 회복이 어렵고 배우로의 복귀도 쉽지 않아 스트레스가 쌓여 필로폰을 또 투약했다고 한다.

내가 아는 M기자도 취재 실적 부진에 의한 스트레스 때문에 날마다 술을 마셨고, 또 H는 친구를 과실치사한 죄의식을 술로 풀어보려다 평생을 알코올중독자로 살고 있다.

몇 년 전에 소천한 요셉의원(선우경식)은 20년 동안 알코올중독자를 포함한 노숙자 42만 명을 무료로 치료해 주었다고 한다. 하지만 완치된 알코올중독자는 단 2명뿐이었다니 그만큼 치료하기가 어렵고 한 번 빠져 들면 헤어나기 어려운 것이 알코올중독증이라 했다.

중독(中毒) 또는 의존증(依存症)은 한 가지 일만을 반복적으로 하는 행동과 그렇게 하도록 하는 충동을 가리키며, 그것을 하지 못하게 되면 정신적이나 신체적으로 정상적인 생활을 어렵게 한다는 조건이 전제된다. 독에 의해 기능 장애가 발생하는 것도 중독이라고 한다. 그렇다고 하면 중독증이 어디 마약과 알코올뿐인가. 커피중독, 컴퓨터게임중독, 도박중독, 경마중독, 야동중독, 패스트푸드나 매운맛 단맛중독, 자녀중독증, 달달중독증 등 많은 습성과 행위를 지적할 수 있다. 날마다 먹을 것만 보면 한보따리씩 사들고 가다가 어깨 힘줄이 끊어져 고생을 하는 친구도 있고, 매끼마다 고추장과 콩장, 멸치볶음이 상에 안 놓이면 밥을 안 먹는 친구도 있다. 이런 것들도 중독증에 속하는 것 아닐까?

요즘 지하철을 타보면 앉은 사람이나 서 있는 사람이나 거의가 스마트폰에 빠져 있다. 그 모습을 보면 현대는 중독증 만연시대라 할만하다. 중독증에 빠지면 이로운 점보다 해로운 점이 많다. 그걸 알면서도 헤어나지 못하니 참 알 수 없는 일이다.

중독증과 비슷하거나 근사하게 표현한 신조어도 있다. '마니아(Mania)'란 말이 그렇다. 어떤 한 가지 일에 열중하는 것으로 특정한 요소에 광적으로 집착 혹은 열광하는 행위란 말로 '광적인 집착'이라는 영미권에서 쓰이는 뉘앙스다. 예를 들어 등산마니아, 춤마니아, 골프마니아, 여행마니아, 독서마니아, 쵸콜릿마니아 등 좋은 의미에선 '마니아'지만 '반복하는 광적인 집착 행위'로 본다면 중독증과 크게 다를 바 없다.

이 글을 쓰다 보니 나도 중독증 소유자임을 알겠다. 캄캄한 밤 2시에 어김없이 일어나 커피 한 잔을 타 놓고 컴퓨터와 노는 일이라든가, 야생초나 꽃씨를 보면 그냥 지나치지 못하고 채취해 아파트 화단에 심는 버릇이 중증에 속하니 그렇다.

단순하게 농사만 지으며 살던 씨족시대와 달리 문화권이 확산되고 세계화로 접어들면서 사람들의 활동범위도 넓어져 이 일, 저 일 분주해질 수밖에 없는 시대다.

오늘도 친구의 전화를 받았다.

"사우나 가자. 이틀에 한 번씩은 해야 돼. 안 그러면 몸이 쑤셔!"

"나는 날마다 백화점에 간다. 한 바퀴씩 돌고 오지 않으면 좀이 쑤시거든!"

"그 친구는 날마다 벨리댄스 하러 간다."

갈 곳, 볼 것, 할 것이 많은 세상에 가만히 있자니 뒤떨어지는 사람 같아 스트레스가 쌓이는 모양이다. 다양한 세상에 적응하려면 무엇엔가 중독되지 않고는 견디지 못하는 것 같다. 그래서 너도 나도 한 가지 이상 무슨 일엔가 깊이 빠져 스트레스라든지 무력감을 날려 보내려 하는 것 아닐까? 그렇더라도 Y처럼 범법 행위에는 중독되지 말기를 바란다.

오늘도 옆집, 앞집, 이웃집엔 아무도 없다. 모두 무슨 일을 찾아 나갔을까? 가만히 있지 못하고 나름대로 깊이 빠질 어떤 일에 끌려 분주히 들며나는 반복행위, 중독증이다 싶은 이런 모습들이 이 시대의 단상이라 하겠다.

얕잡아 볼 일 아니다

내 어린 시절, 아랫마을에 '쎄가'란 성씨를 가진 중국인이 살았다.

쎄가는 생계수단으로 제법 넓은 밭을 경작했다. 호박, 참외, 오이, 가지들을 탐스럽게 키운 밭 둘레를 철조망으로 둘러쳐 좀도둑을 막았다. 하지만 쎄가네 밭에선 항상 인분 냄새가 코를 찔렀다. 똥파리가 왕왕거렸고 쎄가가 입은 검은 옷도 때에 찌들어 번들거렸다. 그런 쎄가 때문에 나는 중국인 모두를 더럽게 생각했다.

얼마 전 문인들과 연변을 갔을 때다. 호텔, 음식점, 화장실 등에서 더러운 쎄가를 연상했고 문화면까지 미개하게 느껴져 아예 중국을 얕잡아 보았다. 근래에 중국수입농산물까지 저질인지라…, 세계

여행 대상에서 중국만은 제외해야지 했다. 그랬는데 며칠 전 TV를 통해 중국 '장가계'를 보았다. 경관이 빼어났다. '도연명'도 무릉도원이라 극찬을 했다는 '장가계'를 꼭 가 봐야겠다는 생각이 들었다.

나는 며칠 후 '장가계'행 패키지여행을 떠났다. TV에서 보았던 이상으로 아름답고 장엄했다. 수십 미터 깎아지른 바위 절벽에 붙여 만든 유리길, 고속엘리베이터 등의 위용에 경악을 금치 못했다. 우리나라의 설악산, 제주도는 비교 대상도 못됐다. 갑자기 중국이 무서워졌다.

"놀랐어요. 중국은 역시 대국이네요. 금방 우리나라를 누를 것 같아 두렵네요." 내 말에 여행객이 동조했다.

"두렵지요. 면적이 한국의 96배이고 13억이 넘는 인구로 인력이 넘쳐나는 중국은 경제성장과 군사력이 하루가 다르게 강해지고 있어 수년이 지나면 미국을 추월하고 10년 후가 되면 모든 면에서 세계 선두가 된다는 전문가의 예상이 있었습니다. 재력과 교육열도 높아가고 있어 미국 유학생 수도 중국이 1위랍니다. 특히 대한민국이 중국을 두려워하는 건 그들이 가진 군사력이나 교육열이 아니라 물건 팔 거래처가 줄어드는 것과 아시아권에서 선두를 달리던 한국의 건축기술이 중국으로 넘어가고 있다는 점입니다. 산업현장도 활발히 움직이고 있어 우리나라쯤 뒤로 제치는 건 시간문제죠." 여행객의 상세한 설명에 뒤통수를 얻어맞은 기분이었다. 끝이 안 보이는 땅덩어리와 13억이 넘는 인구가 활화산처럼 터져 우리나라를 금방 뒤덮어버릴 것 같아 등골이 오싹해졌다. 더럽다고, 문화면이 뒤떨어져 보인다고 중국을 얕보았던 나에게 '호랑이에게 물려가도 정신만 똑바로 차리면 산다.'는 속담이 달려와 안긴다.

방심할 일이 아니다. 얕잡아 볼 일이 아니다. 중국을 대하는 태도뿐 아니라 별 볼일 없어 보이는 사람을 대하는 태도도 마찬가지이다. 그들 속에선 억누를 수 없는 생성력이 분출하고 있다고 믿기 때문이다.

오늘 아침엔 나진항과 일본항을 통해 동해안까지 들어온 중국어선이 오징어 치어까지 싹 쓸어가는 현장을 방영했다. 30년 오징어잡이를 생업으로 삼아온 우리 어부의 낙담하는 표정을 보고 아무 힘도 없는 나는 두 손만 벌벌 떨었다.

불충

'고투물에서 샀어요.' 카톡 문자가 떴다.

'고투물이 뭐에요?' 물었다.

'고속터미널에 새로 생긴 상가에요. 라탄으로 만든 가구도 사왔어요.'

'라탄은 또 뭐에요?' 물었더니 후배는 문자로 설명하기가 곤란했던지 사진을 찍어 보내왔다. 대바구니 또는 칡덩굴 등으로 짠 소품이었다.

한참 전 후배와 찻집엘 갔는데 실내를 훑어보던 후배가 '와우, 너무 럭셔리해요.' 했다.

럭셔리는 또 뭐냐고 물어 볼까 하다가 입을 다물었다. '글 쓰는 사람이 신조어, 외래어를 너무 모른다고 무시당할 것 같아서였다.

'어제는 친구가 속을 긁어 멘붕 상태였어요.'란 말도 하기에 멘붕은 또 뭐지? 묻고 싶은 걸 꿀꺽 참았다.

이대로는 안 되겠다 싶어 집에 돌아오자마자 컴퓨터를 켜고 새로운 용어들을 검색했다.

'럭셔리'는 고급스럽거나 호화스런 뜻이고 '멘붕'은 정신적으로 충격을 받아 붕괴된 상황을 뜻했다. 그 후에도 후배는 문자 속에 'ㅋ', 'ㅎ', '글쿤요', '걍' 등 약어로 문자를 보내오곤 했다. 덕분에 젊은 사람들이 쓰는 신조어, 외래어, 약어들을 많이 습득하지만 한글을 짓밟는 것 같아 마음 한구석이 찜찜하다. 한국인으로서의 자존심도 상한다. 요즘은 TV에서조차 외래어 남발이다. 나는 아예 수첩을 마련하여 외래어 단어장을 만들어 쓰고 있다. 그렇게 기록한 낱말 수가 벌써 500개가 넘는다.

뷔페, 냅킨, 같은 것들은 전부터 쓰던 말이라 귀에 익숙해서 외래어 같지가 않은데 따지고 보면 이것도 문제다.

레시피, 아우라, 누리맘, 엣지, 간지, 노블레스맘, 차도남, 된장녀, 돌싱, 돌직구, 득템, 깡, 스크, ㅅㄷㄹ 등 외래어나 약어, 신조어의 뜻을 알아보려고 두드린 인터넷에 나처럼 뜻을 묻는 사람들의 글도 많이 올려져 있었다.

글로벌 시대, 다문화 시대라지만 우리말이 있고 우리글이 있는데 왜 낯선 말을 남발하여 많은 사람들을 무식자로 몰며 괴롭힐까? 바쁜 시대를 간편하게 살고, 변화하는 시대에 적응하기 위해서라고 변명하겠지만 그건 그런 사람들 입장이고, 오히려 대다수 사람들에게 시간적 낭비와 정신적 손상을 주는 일이라 하겠다. 카톡 문자를 쓰다가 손가락이 빗나가거나 잘못 눌러서 글자가 틀린 경우라면 이해하고 넘어가겠다. 그렇지만 한글 자체를 제치고 당연한 듯, 남보다 앞서가는 듯 유행어, 신조어, 약어, 외래어를 써 보내는 건 거슬린다. 세대 간에 벽을 쌓는 일도 된다.

금년이 한글을 창제한지 570돌 되는 해이다. 손자와 이촌동에 있는 한글박물관에 가 보았다.

'한글은 우리 문화의 생명줄이다. 세종대왕이 한글을 만들어내지 않았다면 오늘 같은 문명의 발달은 이루어내지 못했을 거다.'라는 설명과 함께 한글의 역사와 정감 어린 우리 글자가 벽면 가득 동영상 자막으로 펼쳐졌다.

나는 매주 금요일에 글자를 모르는 수감자들에게 한글을 가르치러 간다. 몇 개월 만 가르치면 ㄱ자도 모르던 이들이 한글로 쓴 책을 읽게 되고 몰랐던 일들을 알게 된다. 뿐만 아니라 주눅 들어 고개도 못 들던 그들 얼굴에 생기가 돌고 이것저것 더 알고 싶어 책을 읽는다. 그 모습이 대견하고 가르치는 사람으로서 기쁨과 보람을 느낀다. 이렇게 한글을 깨우친 이들 중에는 초등학교 졸업자격 검정고시에 합격하고 중졸, 고졸 자격검정고시에 도전하는 이들도 있다. 이들이 출소 후에는 몰라서 못 읽었던 간판들을 읽어보겠다고 한다. 순간 등골이 오싹함을 느꼈다. 겨우겨우 한글을 깨우쳐 즐거움과 자신감을 얻게 된 이들이 외래어투성이 간판들을 읽고 뜻을 몰라 다시 주눅이 들 것 같기 때문이다.

미장원 간판에 '헤어 뱅크' '보끄레 까끄레' 목과 허리를 진료하는 병원에 '모커리 병원' 빵가게에 '파리 바게트' 피아노 학원에 '리틀 모차르트'. 또 승용차 이름도 쏘나타, 아반테, 그랜저 등. 하다못해 아파트 이름까지 온통 외래어나 그 비슷한 발음의 이름들을 쓰고 있으니….

초등학교 5학년 학생이 '우리나라에는 외래어 간판이 너무 많아서 실망스럽다.'는 글을 올린 것도 눈에 띄었다.

외래어, 약어, 신조어를 많이 쓴다고 남보다 앞서 간다거나 유식하다고 말하기 어렵다. 주체성이 미약하고 지각없는 국민성을 드러내는 행위가 아니면 이럴 수가 없다. 한국인이라면 자중할 일이다. 무식하고 미개한 백성을 불쌍히 여겨 문화의 생명줄인 한글을 만들어 준 세종대왕께 맞대놓고 반대했던 '최만리'보다 더 야비한 불충이 아닌지 깊이 반성하고 사죄할 일이다. 글로벌 시대를 강조하고 싶다면 가슴 쫙 펴고 당당하게 한글을 써야 할 일이다.

파란 하늘이 그리운 날

장마 끝에 잠깐 비친 하늘이 옥색물빛처럼 파랗고 깨끗하다. 얼마 만에 보는 청명한 하늘인가. 파란 하늘을 본 순간 '와아, 참 예쁘다.'란 탄성이 절로 튀어나왔다. 장마철 내내 흐릿했던 눈과 마음이 한 순간에 씻겨 내린 듯 시원하고 상쾌했다. 하지만 잠시 후 파란 하늘은 다시 먹구름 속으로 사라져 버렸다. 사방은 또다시 칙칙한 어둠에 묻혔다.

봄 끝자락부터 처서가 지난 지금까지 미세먼지와 우중충한 구름, 지척거리는 비에 젖어 암울하게만 보였던 하늘이다. 습한 날씨에 무더위까지 가세하여 온몸이 기분 나쁘게 근질거리고 찐득거렸다.

나무밑둥이나 놀이터 기구에도 곰팡이가 서리고, 밭작물들이 썩어 버리는 등 공기까지 오염되어 곳곳에서 퀴퀴한 냄새가 났다. 집안에도 습기가 차서 제습기를 가동하고 마른걸레질을 하기 바빴다. 이처럼 오랫동안 비구름 속에 묻힌 하늘은 생명체의 활기를 침체시키고 마음을 음울케 했다. 그러던 하늘이 비구름을 제치고 어찌 저리 파랗고 시원한 얼굴을 내보인 걸까?

잠깐 본 파란 하늘은 많은 것을 생각하게 한다.

모스크바 여행 때 들은 말에 의하면, 러시아는 일 년 중 햇빛을 볼 수 있는 날이 30일 정도여서 공기가 음습하고 사람 몸에 난 털 사이에 곰팡이까지 핀다고 했다. 그래서 해만 보이면 곰팡이를 제거하려고 벌거벗고 잔디밭으로 나가 사지를 활짝 펴고 누워 있는다 했다. 그런 이들이 사계절이 분명하고 맑은 날이 많은 우리나라 날씨를 얼마나 부러워할까. 하지만 요즘 날씨로 보아 우리나라의 날씨도 부러움의 대상에서 제외될 것 같다.

내가 어렸을 적엔 항상 맑고 파란 하늘을 보며 살았던 걸로 기억된다. 그래서 미술시간에 그린 하늘색은 친구들 것도 모두 파란색이었다. 그 파란 가을하늘을 배경으로 빨간 고추잠자리가 날고, 눈부시게 하얀 새털구름이 행복한 얼굴로 소리 없이 흘렀다. 그런 하늘을 보며 산 그 시절 사람들 마음도 곱고 순수했다.

요즘 변덕스런 날씨를 닮아서인지 내 마음도 갈피를 잡기 어렵다. 음습한 날씨에 묻혀 다니는 사람들 옷 색깔과 얼굴 표정도 우중충하다. 눈에 확 띄는 것은 비 오는 날의 삼원색 우산 색깔이다. 나이 어린 여자애들에겐 빨강과 노란 우산이 잘 어울리고, 청년이나 어른들에겐 파란 우산이 어울린다. 나도 어른이어서 파란 우산이 좋다. 우리 어머니도 파란색을 좋아하셨던 것 같다.

집안일 밭일로 땀에 절고 검게 그은 어머니가 한여름 날 옥색 물들인 모시옷을 입고 나서면 얼마나 밝고 화사하던지. 너무 정갈하여 풋풋한 향기가 번지는 것 같았다. 그 때 어머님 모습이 아름답고 고상하게 보인 것은 하늘색 닮은 옥 빛깔 모시옷 때문이었으리라.

예로부터 우리나라 사람들은 파란 하늘을 보며 살아선지 하늘색을 좋아하고 하늘색에 익숙했다. 파랑은 창조와 생명을 뜻한다고 생각해서 복을 빌 때도 파랑색을 많이 썼다고 한다.

나라마다 정해진 색이 있는데 우리나라 색은 파랑색이다. 강직하고 미래지향적인 성품을 지닌 선조들이 선호해서 정한 색상인 것 같다.

파랑색이 지닌 뜻은 희망이며, 색 중에서도 파장이 가장 길어 모든 색을 흡수하거나 제치고 파란 빛깔만 먼 곳까지 보낸다고 한다. 그래서 하늘 전체가 파랗고 멀리 떨어진 바닷물 속까지 뻗어나가고 반사되어 바다가 파랗게 보이는 거라고 한다.

가장 파란 하늘을 보려면 먹구름이 걷혔을 때와 아침과 저녁에 태양을 등지고 보았을 때라고 한다. 나는 그 이유를 과학적 근거에 두지 않고 나름대로 생각해 본다.

파란 하늘은 청렴결백하고 겸손한 사람 같아서 얼굴을 들어내지 않는 것 아닌가. 높은 권좌에 앉아 태양처럼 자체발광을 과시하는 사람들 모습이 싫은 건가. 탁해진 세상이 보기 싫어서 구름으로 얼굴을 가린 건가….

어떻든 봄 끝자락부터 처서가 지나도록 어둠 속에 갇힌 하늘과 세상을 보는 건 나도 싫다.

2017년 가을엔 내 어렸을 적 하늘보다 더 파란 하늘이 검은 구름을 제치고 나와 온 세상을 밝고 청결한 빛으로 물들여 주길 바란다.

> 너의 파란 고운 눈으로 나를 바라다보면/ 나는 꿈을 꾸는 듯/
> 어디가나 생각나는 너의 파란 고운 눈/ 그리운 파란 물결/
> 내 가슴에 밀려든다.

우중충한 대지 위에서 흐린 하늘을 바라보며 하이네 시의 일부를 떠올린다. 오늘 따라 유난히 파란 하늘이 그립다. 파란 하늘 닮은 사람도 그립다.

감투

감투는 예전에 양반이 머리에 썼던 관(冠)이다. 높은 위치의 양반이 썼던 것이니 '감투'라는 명칭은 높은 '직책'이나 '직위'를 속되게 이르는 말로 대변된 것 같다.

예나 지금이나 사람들은 높은 직위의 감투를 좋아한다. 애도 어른도 어떻게든 감투를 써보려고 애를 쓴다. 요즘은 어딜 가나 '장'자 붙은 감투가 남발하고 있다.

1박2일 ○○문학 세미나에 참석했을 때이다. 룸메이트로부터 명함을 받았다. 명함이 없는 나는 어정쩡한 기분으로 받은 명함에 시선을 꽂았다. ○회장, ○위원장, ○협회장, ○추진위원장, ○이사장,

장. 장. 장…. 작은 명함 앞뒤 가득 '장'이란 직함이 찍혀 있었다. 눈이 시렸다. 눈을 얼른 떼면 섭섭해 할 것 같아 시선을 꽂고 있는데 "명함이 작아서 다 넣지 못했어요." 한다. 대꾸할 어휘력이 궁색한 나는 멍하니 입만 벌리고 서 있었다.

얼마 전 전철을 탔을 때의 일이다. 옆자리에 할머니가 앉더니 나에게 물었다.

"나는 노인정 회장인디 댁은 뭣 허우?"

"저요? 먹구대학장 해요!"

"먹구대학장이 뭐 허는 거유?"

"먹구 노는 거요. 하하하!"

"나보다 얕은 거구먼!"

모두 '장'자 감투를 쓰고 사람들을 내려다보며 우쭐대고 싶은 사람들 행태다. 가엾지 않은가!

'장' 자리는 구성원들의 리더가 되는 셈이다. 리더라는 감투를 쓴 이상 구성원들의 고충이나 어려운 상황을 헤아리고 돌아보고 풀어주도록 노력해야 한다. 위기에 처했을 때 책임을 느끼고 대신 목숨이라도 던질 수 있어야 훌륭한 리더라 할 수 있다. 그런데 대개의 리더들은 겉으로는 구성원을 위하는 척 하면서 내면적으로는 홀로 떠받들리는 유별난 대접을 받으려 하며 구성원들을 부하 취급을 하거나 소모품처럼 다루는 습성이 몸에 배게 된다. 결국 높임 받고 대접 받는 자리에 주저앉아 장기 집권을 하게 되며 세습이양까지 하고 싶어지는 것이 감투의 특성이지 싶다. 그러고 보니 결코 감투는 좋은 것이 아니다. 탐낼 물건도 아니다. 장기간 쓰고 있을 것은 더욱 아니다. 감투를 쓴 사람들에게선 욕심이 자라 양심보다 흑심이, 향내보다 악취가 풍기기 일쑤다.

다시 말해 감투가 클수록, 오래 쓰고 있을수록 남을 위한다기 보다 자기가 떠받들리기를 원하며, 명예와 체면 유지에 급급하고 장기집권을 하려든다. 종내에는 본색이 들어나 명예와 체면이 손상되기 쉽다.

진정으로 남을 위하고 자기를 위한다면 감투를 얼른 벗고 낮은 자리로 내려앉을 일이다. 모든 성인들은 낮은 자리에서 남을 섬긴 이들 아닌가! 감투를 쓰지 않았어도 성인에게선 죽은 후까지 향기가 풍긴다. 만인의 우러름을 받는다.

감투! 쓰지 말거나, 썼으면 얼른 벗어버리는 게 심신상에 좋을 것이다.

공명의 법칙

표리부동한 자를 좋아하는 사람 있을까? 자기본위, 자기과시, 욕심이 과한 …. 나도 그런 사람이 싫다. 그래서 멀리 한다. 반대로 자신을 초개같이 여기며 평생 노숙자들을 무료로 치료한 요셉의원, '울지마 톤즈'의 주인공 이태석 신부, 슈바이처 같은 이들을 흠모하고 존경한다. 그들처럼 살고 싶은 게 꿈이기도 하다. 자기를 낮추며 이타적이고 봉사적인 친구를 좋아하고 가까이 한다. 이처럼 대인관계에 편파적인 감정을 갖은 나는 어떤 성정의 소유자일까? 결코 칭찬 받을 성정은 아닌 것 같다.

공명의 법칙이란 이론이 있다.

'솔솔솔' 피아노 건반의 '솔' 음을 두드리면 그 곁에 있는 실로폰은 건드리지 않아도 '솔' 음 건반이 진동을 한단다. 이런 현상을 공명의 법칙(물체는 자신과 같은 주파수를 갖은 물체의 파장에 반응한다.)이라고 하는데 인간에게도 적용되더란 이야기가 있다.

어느 역 건물에 노숙자들이 항상 기거하고 있었다. 단속반이 나오는 날만 기거하지 않았다. 어느 날부터 역 건물 안에 클래식 음악을 틀어줬더니 차츰 노숙자 수가 줄어 마침내 한 명도 남지 않고 떠나버렸다. 클래식 음악이 그들 주파수에 안 맞아 맞는 곳을 찾아 떠난 것이란다. 절이 싫으면 중이 떠나야 한다는 이야기도 같은 맥락일 것이다.

우리 내면도 공명의 법칙이 작용을 하여 자기 내면의 신성한 면은 상대의 신성한 면에 공명하고, 강한 내면은 상대방의 강한 면에 공명하며, 따뜻한 사람을 좋아하는 것은 자신의 따뜻한 마음이 상대의 따뜻한 마음에 공명하기 때문이란다. 존경하는 사람을 만나서 교제하거나 멘토로 삼는다면 그가 가진 품성이 자기 마음속에 똑같이 진동을 해서 자신도 모르는 사이에 그처럼 변해간다는 것이다. 그래서 어떤 사람에게 호감을 느끼고 좋아하는가만 들어봐도 그가 어떤 사람인지 쉽게 알 수 있게 된다는 것이니.

대인관계에서 표리부동한 자, 자기 과시자, 자기 본위가 두드러진 자를 멀리 하고, 헌신과 봉사로 자신을 불사르는 사람을 선호하며 따르고 싶은 내 성정을 나쁘다고만 평가할 수 없지 않은가.

"비둘기들 때문에 미쳐 죽겠어요!"

며칠 전부터 복도 난간에 배설한 비둘기 똥을 닦으며 청소도우미가 짜증을 낸다. 내가 봐도 너무 심한 비둘기들의 작태다. 우리집 창틀에도 저 짓을 하니….

"쫓아버릴 좋은 방법 없을까?" 생각하며 냄비 뚜껑도 두드려 보고, 모기향도 피워보지만 완전 퇴치가 안 된다. 원인은 몰래 비둘기 모이를 뿌려주는 사람 때문이다.

평화의 상징으로 귀히 여겨온 새가 아닌가! 그런 비둘기들이 요즘 인체에 해를 끼치고 농작물에 피해를 주는 새로 인식되고 있다. 비둘기 똥이나 비둘기 몸에서 떨어지는 먼지가 비염, 피부염을 일으키고 환경도 오염시키므로 공원이나 아파트 단지 내에서는 모이를 주지 말라고 경고해도 소용이 없다. '공명의 법칙을 적용하면 쫓아지려나?' 생각해 보지만 묘안이 떠오르지 않는다. 분명한 것은 동물에게도 공명의 법칙이 적용될 것이란 믿음이다.

비둘기가 싫어하는 짓을 해 볼까 좋아하는 짓을 해 볼까. 어떤 짓을 해야 비둘기 똥 싸는 작태에서 벗어날까? 머리 빠지게 생각중이다.

너는 참 좋겠다

전철 안이다. 물을 먹고 싶다는 사내아이에게 젊은 엄마가 보온병에 담아온 물을 컵에 따라 준다. 물 컵을 받아든 사내아이가 만족한 듯 두 발을 흔들며 물을 마신다. 바라보니 부럽다.

"너는 참 좋겠다. 엄마가 있어서."

사내아이가 물 컵을 입에 댄 채 말 건넨 나를 바라본다.

"할머니는 엄마가 없거든."

내 말을 듣고 엄마와 사내아이가 마주보며 웃는다.

옆에 앉아있는 아빠 귀에 사내아이가 뭐라고 소곤댄다.

아빠가 벙긋 웃으며 사내아이를 가슴에 안는다.

"너는 참 좋겠다. 안아주는 아빠가 있어서."

아빠 가슴에 안긴 사내아이가 말 건넨 나를 바라본다.

"할머니는 아빠가 없거든."

그 말을 했을 뿐인데 울컥 눈물이 솟는다.

친구에게 전화를 하니 남편하고 여행을 간단다.

"너는 참 좋겠다. 남편이 있어서."

부러워서 말했는데. 또 울컥 눈물이 솟는다.

빈집에 돌아와 혼자 울먹이는 나를 보고 베란다 화분 속 꽃이 말한다.

"할머니는 참 좋겠다. 목마를 때 맘대로 물을 마실 수 있어서."

그렇구나!

창문 밖에서 기웃대던 바람도 말했다.

"할머니는 참 좋겠다. 집이 있어서."

미안, 미안, 아주아주 많이 미안.

오랫동안 연락 않던 친구한테서 전화가 왔다.

"너는 참 좋겠다. 혼자 살아서."

대답을 못하고 묵묵히 듣고 있는 나에게 한마디 더 했다.

"나는 8년 동안 남편 병수발 드느라 너무 힘들거든."

"그렇겠구나!" 한마디 하고 지친 친구 모습 떠 올리는데

벽걸이 시계가 째깍째깍 말했다.

"할머니는 참 좋겠다. 맘대로 쉴 수 있어서."
미안한 마음에 눈인사를 하고 침대에 누웠는데
이불이 말했다.
"할머니는 참 좋겠다. 내가 포근히 감싸주니까."
말 끝나기 무섭게 졸음이 살금살금 다가와 눈을 쓰다듬었다.
"너는 참 좋겠다. 쓰다듬어 주는 졸음이 있어서."
눈이 내 말을 듣고 행복해서 스르르 감았다.
꿈속에서 만난 천사가 말했다.
"너는 참 좋겠다. 하나님이 너를 지극히 사랑하신다네."
아침에 잠을 깬 내가 전화기를 들고 손자한테 말했다.
"너는 참 좋겠다. 할머니가 너를 너무너무 사랑해서."
손자가 까르르 웃으며 말했다.
"할머니는 참 좋겠다. 나도 할머니를 너무너무 사랑하거든."
'너는 참 좋겠다.'는 말이 내 곁에서 돌고 돌고 돌았다.

불어라 갈바람아

2016년 여름, 섭씨 36도 안팎의 더위가 기승을 부린다. 입추가 지나고 말복도 지나고 처서가 지났는데도 계속 찜통이다. 7월부터 8월말까지 비 한 방울 안 내린다.

에어컨을 구매하려는 사람들이 상점 안을 메우고 있다. 선풍기를 밤낮 없이 돌려도 후덥지근한 바람이 끈적끈적 전신을 휘감는다. 해마다 불던 태풍도 감감무소식이다. 너무 덥다. 지구가 고장이 난 게 분명하다. 하나님이 빗물 창고 열쇠를 잃어버리셨나? 이러다가 우리나라가 사막이 되는 건 아닐까? 별별 생각이 다 든다.

집에 있으면 더 덥다. 가만히 앉아 있어도 땀이 줄줄 흐른다. 더

위를 피할 가장 좋은 장소는 에어컨을 가동한 공공건물 안이나 지하철 안인 것 같다. 나는 친구를 밖으로 불러냈다.

여름 한낮, 시멘트바닥과 아스팔트 열기로 뒤덮인 서울시내 거리를 멋모르고 걷던 친구와 나는 벌겋게 달구어진 몸을 식히려고 백화점 식당가로 들어가 냉면을 먹었다. 극장에 들러 영화 한 편도 감상했다. 그런데도 해가 중천에 떠 있어 밖은 불가마 속 같다. 그런 거리로 나갈 용기가 나지 않아 친구와 다시 커피숍에 들어가 팥빙수를 먹으며 해가 지기를 기다렸다. 해가 지면 기승을 떨던 불볕더위도 수그러들 것이다. 친구와 나는 해가 지기를 기다리며 에어컨이 팡팡 돌아가는 건물 안에서 수다를 떨었다.

한낮이 지나면 저녁이 오듯, 한여름이 지나면 가을이 올 것이다. 가을이 오면 시원한 갈바람도 불어올 것이다. 갈바람은 가을에 서해를 건너 우리나라로 불어오는 선선하고 서늘한 바람이다. 이 바람을 뱃사람들은 하늬바람, 또는 서풍이라고 말한다.

"어서 불어와라 갈바람아! 하늬바람아!"

이름이 예뻐 하늬바람이란 이름에 더 힘을 주어 간절히 외쳐보지만 어느 바람도 눈을 깜박 않는다.

갈바람이 불면 오곡백과는 신바람이 난다. 무더운 여름날이 힘겨웠던 벼들이 이삭을 내밀고 물결치며 익어간다. 벌레들도 날리고 새들도 쫓아낸다. 또 갈바람은 숲속에도 찾아들어 나무들을 시원하게 해주며 해충을 쫓아낸다. 덕분에 여름내 고달프게 자라던 열매들이 알차게 익어간다. 갈바람은 하늘 높이 올라가 새털구름을 펼쳐 예쁘게 노을빛 물을 들여 준다. 이처럼 갈바람은 가을을 풍요롭고 아름답게 장식해 주는 바람이다.

갈바람을 닮았다 해서 하늬라 일컫는 친구가 있다. 그 친구는 가끔씩 나에게 전화를 한다. '혼자 외롭지? 아픈 데는? 먹고 싶은 건? 경치 좋은 곳 여행하고 싶지 않아? 속상하는 일 있으면 풀어놔 봐!' 등 자신의 이야기보다는 내 안부와 내가 바라는 것들을 묻고 채워주려 한다. 그의 전화는 미래지향적인 기질이 있어 느슨하게 풀어진 맥박에 박력을 가해 준다. 외로움과 고독함을 벗겨준다. 속이야기를 끄집어내 답답한 가슴을 풀게도 하고 침체된 생활을 벗어나 생동감을 되찾게도 한다. 슬픔을 기쁨으로 전환시키고 체험담을 통해 뭉클한 감흥을 느끼게도 한다. 이렇게 감지한 그의 언행은 내 삶을 반추하여 정체성을 찾게 하고 자아성찰로 알차고 격 있는 자존감을 세우게 한다.

그랬던 그 친구가 바람처럼 훌쩍 떠났다. 어디로 왜 떠난다는, 언제 온다는 말 한마디 없이 떠나버렸다. 나는 그에게 얼마나 우매한 존재인가! 얼마나 에고이스트였던가! 그가 전화로 안부를 살뜰히 물었듯이 나도 그랬어야 했다. 그의 취향과 마음 상태에 깊은 관심을 갖고 조력했어야 했다. 내 속만 풀어 보이고 그의 속은 아무 것도 풀어주지도 채워주지도 않았으니 그가 아무 말 않고 떠난 건 당연한 일이다.

친구의 전화가 끊긴 지금 내 마음은 무척 메말라 있다. 너무 외롭고 쓸쓸하다. 기쁨도 없고 설렘도 없다. 생동감과 의욕이 고갈된 데다 날씨까지 푹푹 쪄 기진맥진한 상태이다. 감성만 뾰족하게 살아서 골을 찌른다. 이글거리는 불볕더위 속에서 바짝바짝 타는 인내심으로 태양 뒤에 펼쳐있는 서해바다를 바라보며 애를 태운다.

“얼른 좀 불어라 갈바람아! 제발 하늬의 전화소리도 싣고 오렴!”

소원대로 갈바람이 불어오고 친구의 전화소리도 들려오면 나는 다시 힘을 얻고 나의 가을은 알차게 여물어 갈 것이다.

나는 땀범벅이 된 몸에 찬물을 끼얹는다. 갈바람을 맞으려는 몸짓이다.

에필로그

겨울 숲

표지화 : 신건자

'쏴아~'

초겨울 거센 바람이 밤나무 숲을 흔드는 소리다. 나뭇가지가 심하게 흔들리며 마른 잎들이 우수수 떨어진다. 꽃이 피고 푸름이 가득 찼던 곳, 밤송이가 아람을 벌리고 알밤을 문 다람쥐가 단풍사이로 잽싸게 뛰던 곳. 바라만 보아도 아름답고 풍요롭던 숲이 며칠 사이 삭막하게 비워졌다. 그 빈 자리로 겨울이 성큼성큼 들어선다. 남은 잎까지 털어내고 벌거벗기며 들어서는 겨울. 어찌 저토록 냉엄하고 당당하단 말인가.

숲을 바라보고 있는 나에게 지금 뭐하냐고 친구가 전화로 물어왔다. 겨울 숲에 잠겨 있다고 대답했다. 맞다. 나는 지금 인생의 겨울 속에 잠겨 있다. 잎, 열매 다 떨어내고 앙상하게 서 있는 겨울 숲처럼 아주 조용하고 텅 빈 인생의 겨울 속에 묻혀 있다.

돌이켜 보면 내게도 새싹처럼 꿈 많던 시절이 있었다. 가지에 오순도순 매달린 잎들처럼 정겹던 아이들과 친구들이 있었다. 꽃같이 아름다운 사랑도 있었다.

가정을 이루고 자식들을 조롱조롱 매달고 있을 때가 내 인생의 여름이었나 보다. 무성하고 검푸른 잎들이 작열하는 태양 아래서 하늘을 향해 뜨거운 김을 푹푹 내쏘며 동화작용 하듯 나도 그 무성한 나무 못지않게 치열한 내 인생의 여름을 보냈다.

내 인생의 여름은 소비와 채움의 계절이었다. 누군가를 위해 쓰고 채우고를 반복하느라 용광로처럼 뜨겁게 끓었다. 가지가 휘어지게 매달린 잎과 열매의 결실을 위해 양분을 만들어내는 나무처럼 쉴 새 없이 자신을 태웠다. 몸이 바스러지는 줄도 몰랐고, 헐벗었다는 느낌조차 없었다. 그저 결실을 위한 열기 하나로 전신을 불태울 때 뜨거운 에너지가 지칠 줄 모르고 분출됐다. 그 에너지를 받고 싱싱하고 탐스럽게 커가는 열매를 바라볼 수 있어서 좋았다.

지금 밤송이가 다 떨어진 나무는 앙상하기만 하다. 초록 빛깔과 혈기를 상실한 검은 줄기뿐이다. 검은 줄기의 군락이 삭막하고 음산한 겨울 숲을 이루고 있다. 저런 숲에 겨울은 왜 길게 머물까? 춥고 긴 겨울을 안고 숲은 왜 죽은 듯 침묵하고 있을까?

검고 삭막하며 텅 빈 것 같은 겨울 숲은 긴 침묵의 터널 바깥쪽에 초록빛 계절을 탄생시키려고 깊이 묻어둔 자양분을 뽑는 일에 몰두해 있을 것이다. 머지않아 맞게 될 분만의 기쁨을 위해 겨울 숲은 저렇게 꿋꿋이 버티고 있을 것이다.

겨울 숲처럼 다 비워낸 지금의 나는 너무나 홀가분하다. 빈 몸으로 서 있는 나에게 이렇게 말하는 이들이 있다. '죽을 때까지 빈 몸으로 서 있으면 안 되는 건데 왜 미리 빈털터리로 서 있느냐고.' 그 말이 옳은 것 같지만 옳지만은 아닌 것처럼, 나는 빈털터리처럼 보이나 빈털터리가 아니다. 내 속에는 끊임없이 또 다른 세계에 대한 열망과 꿈이 분출하고 있다. 그 꿈을 펼치기 위해 내 속에서는 자양분이 만들어지며 새롭게 태어날 싹이 꿈틀대고 있다.

지금 약삭빠르게도 나는 '고여 있는 물은 썩으나 흘러가는 물은 생명을 탄생시킨다.'는 진리를 탐닉하고 있다, 이런 내 모습이 곧 겨울 숲인 것을 나는 알고 있다.

다시 친구로부터 뭐하고 있냐는 전화가 온다면

'겨울 숲처럼 새롭게 탄생될 세계를 꿈꾸며 가슴 벅찬 발돋움을 하고 있다.'고 대답할 것이다.

– 2019. 겨울에

신건자 수필집
겨울 숲

2020년 1월 25일 초판 인쇄
2020년 1월 30일 초판 발행

지은이 / 신건자

발행인 / 강병욱
발행처 / 도서출판 교음사
편 집 / 隨筆文學社 出版部

03147 서울 종로구 삼일대로 457 수운회관 1308호
Tel (02) 737-7081, 739-7879(Fax)
e-mail : gyoeum@daum.net
등록 / 제2007-000052호

* 잘못된 책은 바꿔 드립니다. 값 12,000원

ISBN 978-89-7814-774-3 03810

이 도서의 국립중앙도서관 출판예정도서목록(CIP)은 서지정보유통지원시스템 홈페이지 (http://seoji.nl.go.kr)와 국가자료공동목록시스템(http://www.nl.go.kr/kolisnet)에서 이용하실 수 있습니다. (CIP제어번호 : CIP2020002238)